詩文集

生存権はどうなった

穂苅清一
井上 優
佐相憲一＝編

コールサック社

詩文集『生存権はどうなった』

目次

詩文集　『生存権はどうなった』

日本国憲法第二十五条

一　すべて国民は、健康で文化的な最低限度の生活を営む権利を有する。

二　国は、すべての生活部面について、社会福祉、社会保障及び公衆衛生の向上及び増進に努めなければならない。

序文

日本国憲法　第二十五条の「生存権はどうなった」

穂苅　清一

かつて大日本帝国は朝鮮、中国をはじめアジア周辺を侵略し各国を占領しました。何百万人の人々も殺害しました。いつの時代も戦争は人間の生きる権利を認めず、陸海空の軍隊により、殺し、殺されることを繰り返してきました。遂に一九四五年八月六日と九日、米軍の原子爆弾（核兵器）が広島、長崎に投下される中で、八月十五日に敗戦しました。今年はその戦後七十年となります。「玉音放送」がラジオで全国に伝わりました。

日本の犯した戦争に大きな反省をする中で、一九四七年五月三日には新しい日本国憲法が施行されました。憲法第九条で、戦争や武力行使は永久に行わないことと、陸海空軍や戦力は保持しないことを世界中に宣言しました。そして第二十五条で、すべての国民が健康で文化的な最低限度の生活を営むことを認めました。それが「生存権」です。一切の戦争もせず、平和の中で自由に生存する権利をすべての国民が有することを認めています。「平和的生存権」です。

そして一九五〇年五月に新「生活保護法」が二十五条の理念に基づき施行されました。

しかし、当時の生活保護基準は非常に低く、締め付けも厳しく、保護を受ける請求は簡単には認められませんでした。親子や兄弟姉妹がいれば、本人に仕送りなどで金銭的にも面倒を見させせました。

この問題に取り組んだのは結核療養所で暮らしていた生活保護利用者で、重症患者の朝日茂さんでした。あまりにも惨めな生活実態が次々と明らかにされました。福祉事務所は、朝日さんの行方不明の兄を探し出して、一ヵ月あたり一五〇〇円の仕送りを約束させて、当時入院患者の生活費がたった月六〇〇円でしたが、仕送りのうち九〇〇円を国に納めることになりました。しかしそのやり方に不服があり、審査請求を申し立てました。そして一九五七年から「朝日訴訟」が始まり、日本患者同盟や全国生活と健康を守る会などの団体が朝日茂さんを支援しました。

当時、私自身も粟粒結核や髄膜炎などで四十度以上の高熱のまま、結核療養所に収容されていました。日患同盟の仲間から朝日さんのことを聞き、私も貧困のどん底の中で生活保護申請を拒否された患者として共感しましたが、裁判を支援することは重症で難しい立場でした。

一九六〇年十月に東京地裁では、原告勝訴の判決を出しました。しかし控訴により敗訴し、最高裁への上告審の最中で朝日さんは病状悪化により、一九六四年二月に五十一歳で死亡しました。

一九六七年の最高裁でも原告の死亡を理由に門前払いの判決で、十年間の生存権裁判は終結しました。この「人間裁判」の中で、一九六一年には生活保護基準が16%、入院時の日用品費も47%引き上げられ、その後も基準引き上げとともに、老齢加算、母子加算も新しく支給されるようになりました。

しかしその後、老齢、母子の加算は廃止されました。現在では母子加算は復活させましたが老齢加算の廃止は違憲であるとして、新・生存権裁判が全国九か所で提訴され、残念ながら敗訴したところもあります。さらに生活扶助費が一昨年八月から今年四月の間に三回も引下げられ、全国で審査請求から裁判が進行中です。

生存権は、生活保護だけの権利ではありません。年金もカットされ、介護保険料など社会保障全般の個人負担額が上がりました。しかも逆に消費税は5%から8%にアップし、10%まで引き上げられようとしています。さらに冒頭で記したように、先の戦争に反省するどころか生存権を奪うような「戦争法案」、「集団的自衛権」行使容認に向けた政府の動きがあります。

今回の私たち三十三人詩文集は、全国の地域や職場でさまざまな活動をされている方々が、現在の「生存権」がどうなってきたのかを伝え、深く考えさせられる詩文集です。

いま、憲法第二十五条の「改悪」とともに、日本国憲法の根底にある戦争放棄を示した九条も「改悪」されようとしています。憲法と民主主義を守り、戦争をしない平和な国づくりとともに平和的生存権を守り、朝日訴訟から学びながら、それぞれの立場での活動や運動に広げていこうではありませんか。

手にとってくださり、ありがとうございました。

握手!

詩集

登り山 泰至（のぼりやま やすし）

当たり前という幸福が欲しい

かつて当たり前といわれていた幸福が欲しい
派遣労働――ワーキングプアとは現代の「タコ部屋」
　であろう
格安賃金と格安人材　労働環境や条件の改悪はあって
　も改善はない
先行きの見えない使い捨て労働のコマにされて
ポイッ　ポイッ　ポイッと次々に捨てられていく男と
　女の汚された人生
野に捨てられた野犬や野良猫のことは深刻だけれども
野良に放り出された人がさらに深刻で
それがマア　次から次に増えていくことよ

「タコ部屋」でまだ生き続けているうちは　派遣先の
　顔色をうかがって
言いたいことも言えないし　派遣元に相談したくても
　できない
社外の人間だからってあらゆる部分で差別される
当事者は変に気をつかってくることがあるが
それがよけいに差別だとわからないのか

派遣元は目先の利益ばかりを考えて
なにもはたらく側のことなんか考えちゃくれない
クレームに弁護してくれるはずの派遣元も雇う側の言
　いなり
月末に突然に解雇を言い渡されて
泣く泣くくやし涙をのんだことも多かった

お偉いさんがた
明日から来なくていいよと言われた
人間の気持ちがわかるかい

辞めちまった前の職場の同僚たちは大手の企業に
就職したというがどこもブラックなんだ　と
きょうび人間どうしで貶《おとし》め合うのが流行っているんだ

とか
それをまぬがれた人間は過労死に見舞われ
明るみに出さない企業はずっと口を閉ざしている

形骸化した憲法二十五条
「健康で文化的な最低限度の生活」など「最低」も「最
　低」
社会福祉も保障もあったもんじゃない
憲法って人間を護るものじゃないのかい

明日突然に職をうしなって　生活のすべをうしなって
誰にも相談できずに生きるか死ぬかもわからない
そんな世の中だのに
派遣法の改正や
税金の引き上げやら　物価の高騰やら
二重三重に追い打ちをかける横暴政治

神話の時代が終わっていないことを寝ぼけ眼で公言し
　ている施政者たちが
まだそんな憲法というオモチャを手放そうとしない

普通にマイホームを持って　結婚して　子どもを持っ
　て
子供の成長を心から喜んで　子供の手本になるような
　良い父親になって
年金を老後の楽しみにして
そんな当たり前だった生活でさえ
この先　築けるかどうか

ああ
かつて当たり前といわれていたそんな幸福が欲しい

それは実現するかわからないけれど
それでもなんとか夢を持って前向きに生きようとして
　いるのだ
私たち若者は！

綻びを気にする

世界の綻《ほころ》びを気にしている
集団的自衛権のような目にあまる綻び
国家をめぐる人身売買のような極めて深刻な綻び
消費税増税の漢字みたく
毛がもっと欲しいであろうゴリ押しの綻び
オールバックにした時にこんなにも頭頂が広かったの
か

世界の綻びを気にしている
震災からはもう三十数年分の綻びが見つかって
南のフテンマやヘノコでは
言葉や肉体の弾圧が日々おこなわれ
政治家どもがまだつけ心地の良いかつらを外そうとは
しない

私はさらにかき分ける
核汚染のすすんだ綻びをまた見つけ
白髪よりもそちらの方がだんぜん気になる
鏡の前に立って硬直した蒼白の顔が
真夏にもかかわらず
もじどおりの氷漬けになっている

それを知らずに地球の楕円のむこう側から
のんきな鼻歌が聞こえてくる
世界を暴く必要な残酷さを持つのに
充分な子どもの数が足りていない

世界の綻びを気にしている
ぐるりと真うえからのぞきこむうち思わず眼が合った
こんなにも頭頂が後退していたのか

生存そのものが危ぶまれる地球の綻びを止めるために
いのちの美しさで地上の悲しみを中和するための
ビューレットをピンセットと持ちかえて
剥奪《はくだつ》された
人としての尊厳を
再び白に戻すために綻びに立ち向かわなくてはならな

い
ミュラー・リヤーもポッゲンドルフもエッシャーも
人間の知覚の不完全さを露呈した
人間は不足した部分を補ってそれをひとつの絵と認識
　するという視覚的な飛躍を視覚に有することを明
　かした
それゆえもし地球の平面の一部が途切れてなかったり
地球のかかとの一部がなくて突状に欠落してはいるが
とくに立ったり歩行するのに少しも支障がなかったり
　という場合にも気がつかない

それは言い換えれば口当たりの良い詭弁である
詭弁とは他人を貶めるためにのみ横行する道徳的な綻
　びである
そしてそれが時事的に大手を振るっている
どこかおかしいと身体の隅々まで触診を試みてみるが
　いいだろう
目では連続している一部に綻びを見いだすかもしれな
　い

いま私たちは声を張らなくてはならない
綻びに気づきそれに毅然と立ち向かわなくてはならな
　いだろう

山村 礼子★にゃき（やまむら れいこ ほし にゃき）

絶望と孤独に

ふと
もうたくさんのものを持ちあわせていたのだと気づく
自分の中にあった答えがあたしを包む
どこまでもこぼれ落ちていくように思えていた
当たり前の日常
絶望と孤独に肩を突き合わせて生きてきた
ただ親友の名は変わらず希望だった
そうか
だからまだ生きてんだ

※ 巻末の略歴もご参考願えば幸いですが、あたし、にゃきは16歳に満たない頃に釜ヶ崎という日本のダウンタウンで自立した少女でした。貧困と暴力に常にまとわりつかれた病んだ半生。この「絶望と孤独に」は、40歳を越えようかという頃に憲法第25条に触れ、自分のような人間にも基本的人権があることを初めて知ってからの心境です。

人が好き

誤解せんと聞いて
あたしは後悔なんて少しもしてへんねん
どろどろの憂鬱な過去のくれたものを愛してるねん
今のあたしに親友と居場所と仲間がいて
愛を信じてることを理解して聞いとくれ

ああ
ただ
ひとりでも友だちが欲しいと泣いていた
まだ見ぬ誰かがあたしとせめて目を合わせて話してく
　れればと
ただ
ただひとり

ほんとにただひとりで部屋の隅で泣いていた
ああ
うさぎが見つめてたけれど
心配そうに、悲しそうに
だから生きようと思っただけなの
白とグレイのもこもこの存在があたしに生きてと言っただけのことだった

約5年前
あたしは離婚して高槻の街へ移り住む
引っ越しだけで手持ちのお金はほぼ無かった
カーテンもない部屋
敷くものもないフローリングに横たわり毛布を被る
ただ
30歳のとき精神病院から移った援護寮が高槻だったから
それだけやけど
それだけでまたあてもなく来たけど
それだけのことが充分な理由になるくらい優しい街やねん

1年後
つまり4年前
あたしはようやく産声をあげる
初めて自分というものを認識し
基本的人権てもんがこのあたしにも施行されていいことを実感する
信じられへんけど初めておもてん
あたしにも憲法第25条は有効なんやと
およそこの素晴らしい法律があたしに真に関係したことは無かった

ほんとうに自分の欲望だけのために人を貶める人間はおるで
あたしは踏みにじられたで
ぐるぐる順番にあたしを犯した男は大体笑ってた
「すごいなぁ、こんな放心してる女にでも立つねんなぁ」
てぼんやり思っただけやし
大したことはないからあたしが黙ってればええねん

な、って
あたしは蛆虫みたいに、それ以下のように生きる罪人とおもてた
みんながあたしを嫌うのやろ？

絶望という友人がくれたものははかりしれん
あたしは嘆いていいて過去を曝け出すのやないねん
あたしが地獄で見てた夢まで汚いんやないから
とてもとても綺麗な涙を
あたしはずっと流し続けて
それは7年前からうさぎが見届けてくれてる
世界一高貴な白とグレイの神様
そしてあたしのすべて
ああ
あのな
親友がいて居場所があり
仲間がおる日々を受け入れるために
人生の長い大半を苦しんで過ごすべくあたしは使命を受けた
人が愛されることが尊いものだと
伝えていくためにあたしは渇いた日々をもろたのだ
ささやかなことがこんなにも幸福で豊かだと知る
あたしには伝えていくべきことがある
動く心の揺れる幸福を
まだやるべきことがあるねん
とりあえず
あなたという友だちに出逢えたことが嬉しい
そして
ひとりやないことをまだ見ぬ友人たちにも伝えていくのだ
街ですれ違うだけでわかる
あたしと愛しあう君の匂い

総理あなたも

人が好き
もちろん、あなたのことも

どんなに偏ってる思われてもええわ
総理大臣の喋る姿みたら怒りがこみ上げる
でもでもな
安倍さん、そんなあなたも、あなたの家族も犬死にせ
　ずにと思うねん
「総理から前線へ」やなくて
誰も、世界中の誰も戦争へ臨まんといて
いやや
あたしの関わる人たちも思い出の隅の人も
あたしを苦しめたあの人も戦争で死ぬな
人々が無為に戦い殺しあうことを許すな
略奪と支配の論理が目に見えることを受けいれるな
総理あなたもともに
愛と平和の詩のような、日本国憲法を守ろうぜ
ちっちゃい心持ちのオヤジらが動かしてる政府ごとき
　で決めんとさ
国民のオバハンや幼子の声を聴いてくれ
誰も戦地へ出むかずにすむように！！
オヤジもともに
愛と平和ー！！

大いなるもの

あたしの胸ん中には炎があってさ
その飛び火があなたの胸にも飛んでくよ
あたしは本気で社会を変えようとしてる
あなたの胸に灯りはじめた小さな飛び火は
確かにもう社会の一部を変えてしまった
あなたに想いを想起させた
あなた方ひとり一人が変わり
そのひとり一人が社会で暮らす
それはでっかい革命の一歩だぜ
遠い道のようで、あたしは最善の道をいつも選んでる
それはあなたもだ
ともに行こう
友だちがこんなにいたことにあたしは気づき
走り出したものやすでに持ちあわせてるものの大きさ
　に震えてる
すべてはオーライ

秋田 高敏（あきた たかとし）

杖

旅先で芽を吹いた種々様々な感動を
新鮮な漆器に盛りつけ
あれもこれもと割箸が挟み出し
笑いと手振りが四方に広がり
時の刻みの中に溶け込んでいた

出発時刻まではまだ間があるのだろう
飛行場前広場の足湯場
若者も子供も大人も老人も
腰をかがめ又は胸を張り
両足を浸しながらいま来た道を振り返る
奥の片隅に遠慮がちに一人
誰かの足が動いたのだろうか

湯の波をもらい受けている二本の足
細く皺の寄った干大根のような足
一本の干大根は動きがままならぬようだ

脳溢血の後遺症だとか
片手も不自由そのもの
ぎこちない指先が何かを掴もうとして
鍵型に不揃いに折れ曲っていた
露天販売の鳥の足先のように

先の知れないというより
先の知れた人生
死出の思い出にと杖をたよりに
古びたリユックを背負い
牛の足どりよく遅くこの地に着いたと言う

ぽつりぽつりと洩らす
わびしさと無念の音符を五線に置きながら
食べ物を着る物を最低限にして
少しずつ蓄えた少しばかりのお金で

ささやかな旅路なのだと

障害年金支給にも格差がありましてねぇ
自営業だった自分の国民年金では
重症化した後で支給申請しても駄目なんです
初診日が証明できないと却下なんですよ
審査体制に問題があるんではないでしょうか

不躾にも生きる望みはと尋ねると
自分はどんな死に方をするのだろう
自分の死顔はどんなのだろう
自分の死顔をそっと覗いて見たいと
目先の杖に語りかけた

一刻の足湯では元に戻りそうにない
象の足首ほどにも浮腫《むく》んだ
私は私の足をさすりながら
最低限の生活権とはなんだろうと
謎解きみたいに幾度もさすり続けているのだった

児童館

もう薄暗く鴉もねぐらに帰った
一人だけの君はバットを振り回している
居残りの女先生も一人
今度はしっかりねと手を振る

たまに当ったボールがあてもなく転がる
母ちゃんはまだ迎えに来ない
ふり返ってもふり向いても
パートづとめの母ちゃんはまだ来ない

夕飯をそそくさと与え
また夜のパートへと向う母ちゃん
なぜあんなに働くのだろう
僕には少しだけ分っているんだよね
生活するって大変なんだよね

最低限度の権利

春眠《しゅんみん》暁《あかつき》を覚えずとか
どこかで聞いたことばだ
春の眠りは心地よいとか
そんな暇人ってどこに居るんだろう
頭上の小鳥達は
俺と同じくもうとっくに目覚め羽撃き
ぽつんと
私の頭上めがけて発車オーライだ
手にはなんの種子か知らないけれど
ざらざらっとしたものが隠れ潜み
白黒のべっとりとしたものが手を汚す
どうせ豚の手だ
素知らぬふりをしながら嗅いでみる

風に吹かれて来たか
誰かが読み捨てたのか
新聞紙がへらへら笑っている

お前は読めるのかと
糞面白くもないけど俺だって
両爪先で広げ
腰を煙管のがん首ほど折り曲げ
目についたきょうの運勢
体調が心配オーバーワークにならないよう
適度の休養を心がけよだって
どんな易者が記載したのか癪の種
今のいま授かっている天職に励まなければ
おまんまの食い上げだ
誰が最低限度の生活を糧を
保障してくれるというのだ

人々から白眼視され
腐敗物もしくはうじ虫から遠ざかるように
急カーブを描き苦々しく振り返る人の波
注意信号ってありはしない
それでも両足に言い聞かせ言い聞かせ
雨の日も風の日も働かねば
ごみ箱から掃き溜めから

捨て猫か野良犬のまなこで
体調が良かろうが悪かろうが
今日の灯《ともし》びを消すわけにはいかないんだ

爪先と踵でめくり返した新聞
嬉しいことが書いてあるではないか
やがて社会保障制度は変わるという
家計が苦しい人の生活再建を支えるための
「生活困窮自立支援制度」が始まり
自治体に相談窓口の設置が義務付けられ
働きたくても働けない人
住むところがなくて困っている人々
窓口で相談さえすれば
支援を受けられるようになる云々と
随喜の涙が出るほど嬉しいじゃないか
本当なのか飾り立ての餅じゃないのか
住所不定で選挙権もなし
人にして人に非ず非人あつかいの俺にまで
恩恵がこぼれ落ちてくるというのか
眉唾《まゆつば》物かも

眉につけた唾がいつまでたっても乾かぬ
拭いてもこすっても
べっとりとついた不信の念は根深く
頭の芯にまで凍み込む

日本国憲法第二十五条によれば
すべての国民は健康で文化的な
最低限度の生活を営む権利を有するとあるが
今日も今日とて
ダンボールで夕べに住み家を作り
朝には壊し
食べ物は残飯を漁《あさ》り
廃品を拾い集めては金銭化し
衣服は捨てられている物を探し求め
精一杯の努力をしている俺
俺だって国民の数のうちのはずなのに
最低限度の生活を営む権利があるはずなのに
小鳥まで首をかしげている

秋野かよ子（あきの　かよこ）

汗

真夏の鉄工所の溶接は赤錆と鉛色
カンナ色の太陽の外で
全身黒ずくめになって光線を浴びる
君は
聞かれたときだけ
――暑いな……
と　ひとこと言った　十七歳

自転車からおりて
汗だくで帰った私と
君は　違う汗をかいている
生命の汗は
――夏の仕事は外だから　こんなものだ
と言った

体の水分が吸い取られたような　か細い十七歳
君は　何も怒らない
耐えてもいない
普通に歩いている

日割りの日当をもらい
孫受けの仕事場の　また孫受けで
毎日　働いている
十七歳の汗の雫が
鉄を溶かす
人は　真似のできない熱線を両手で覆い
鉄を溶かす

十七歳の君が笑う
夢はバイクで走るときと言った

風が見えるのだ

机のネコ

生真面目なあの人は人事の移動で少し偉くなった
と思い込まないように
心のたたずまいの掟として　バラの花を一本さしあげ
　よう
ストレスのとばっちりが　周りの人と自らの胃にねじ
　こまないように
香りの高い花をさし上げたい

*

「課」「カ」「カ」と住民に向けて言ってはいけない
と心に決めていた　日
突然　背筋が引き締まった

「もっていきよう」　だと頭を巡らす
「もっていきよう」　で住民を思う　春
うぐいすが鳴いた

春の野鳥が歌う

予算の皮は　貴方も出した
私も出した　我らが出した
檻の中は突っつき合い
中央鳥は羽もないのに檻の鍵を咥えてる

「もっていきよう」は年月と練習
直球は扉を閉じられた
変化球とフライでいこう
大きく天まで飛ばしていこう

練習のやり過ぎで
予算の大もとが見えなくなると
猫の足あとと
人の足あとの　見分けがつかなくなっていた

足あと探しと　鍵をとりに行こうよ
囁く左右からの声　耳鳴りがする

生きがいは　ストレスと絵描き
絵描きは　まいにち机で絵を描いた

ネコの字を忘れるほど描く
満足するまでスッキリ描く
美しくスッキリ　クッキリ

紙の街は　猫も人もいなかった
机の街は　空を飛ぶ
バラの花を抱えた馬が飛ぶ
馬の夢想は　淡雪のように消え
現実の紙の街がコピーされた

絵描きは　自ら描いた写し絵にとり憑かれ
家に帰ると　猫を抱く

二十四時間勤務の友だちとスマホ片手に　猫を抱く
あんな仕事はやりたくないと自分を慰め
あの「課」に行きたくない
予算をもらえないと　猫を抱く

ラベンダー入りのシャボンでスッキリ・コッキリ身体
　を洗い

黙って　晩酌を猫とする

人のいない人のない街　ゴミのない街
美しい人を時々絵に立たせる
落ち葉の落ちない並木道
時が止まる……
真剣に
ぎゅっと抱く　猫の温かさ

起こしてくれ

コウモリや
ねぐらに帰るとき　起こしてくれ
深夜勤務が　つらくなった
逆さになって眠りたい

テレビ

見たことのないテレビ
夜中に帰って見ることはない
寝るだけ帰って何もみない
テレビ局に勤務しているので何もわからない

キュウリ

八百屋が消えた　バスもない
大型スーパーへどうしたら行けるのか
キュウリ二本欲しいだけ

文化

十人で一時間かけて　語らいながら仕事がはかどった
新しく　便利な機械がどんどん
一人で十分でできたとき　語らいが消えていた
何故　忙しくなるの
九人は何処へ　五十分は何処へ

二十万円

二十万円だけになって宝のように握る　真夏の空調も
　辛抱して
生活保護は迷惑をかけると　自分を悔やんで
九十歳まで元気な自分を　悔やんでいる

（介護保険値上げ　生活費増税　医療費増税……ぞう
　ぞう）

石村 柳三（いしむら りゅうぞう）

てんぷら

ひとり留守番のお盆の日
今夜の御数を何にしようかと
わたしは近くのスーパーに出かけ
うろうろ品定め
そして　眼に留ったのがてんぷらコーナー
そのなかでひときわころもを大きくつけ
色艶もいいのが
二本入りパックのエビのてんぷら
久しぶりのエビてんぷらの喰い意地の舌に負けて
迷うことなく手をのばし
喜びいさんで狭いわが家に帰り
なれぬ手つきでてんつゆをつくり
冷えたカンビールを友にして
「いただきまァす」と　一口パクリ
ところが　ところが　だ　一瞬
「うん　うーん？」と
かすかな嘆きのような関心と感心をもち
箸にもったエビてんにピタリと眼をむけて
そしてよくよく見つめれば　あの
立派そうに見えたエビてんは
色艶のいいころもばかりだ
中身のエビ殿は
小学校三年の娘の小指ほどのもので
素材もあまり良くない
おまけに期待したほどの旨さでもなく
ころもも硬い
喰い意地にかられて買った夢のエビてんなのに
ポロリと素直に言えば　見事な似非てんぷらだ
ころもの美しさに騙されて
エビという名前に釣られて
付加をつけたファッションに騙されて　だ
そしてなァるほどと　思　う
「付加価値をつけたてんぷらはこうでなくちゃ」
ひとり合点　納得の　にが笑い
どだい高いエビなんて縁のない生活だから
憧れが大きすぎたのだ
あきれて見つめる箸のエビてん殿に
おかしい　むなしい
わたしの貧乏笑いがこみあげてくる
そう言えば　この《てんぷら》の名称には
別名ニセモノの呼び名があるそうだとか？

たとえば身近な
てんぷら女房にてんぷら亭主
てんぷら学生にてんぷら教授
てんぷら政治家にてんぷら宗教家
てんぷらサラリーマンにてんぷら社長
揚句の果ては　てんぷら詩人にてんぷら批評家
人生術に長けた黒い腹さ
本音とたてまえを上手にころもでつつむ腹芸人
素材が悪くともじゅうじゅ油であげ色つやよく
天下一品の見目の形して
十二単衣のような付加価値をつけ
真面目な　素直な　真剣な　顔　を　し　て
舌心をサジュイストするころもをつけ
世の中これ見よがしに闊歩して
てんぷらてんぷら　てんぷら　じんせい如何!
手前ミソ口上のエセ舌吐く天才術師たち
てんぷら文化屋の浅知恵のあさはかさ
てんぷら宗教屋の金もうけバブル信仰論
てんぷら政治屋のタヌキとキツネの化かし顔
はたまた虹色はなつてんぷら青春論
すべてはころも広告　ころも宣伝の世の中だ
ころもの奥で鳴るチャリンチャリンの欲望をひめ
「ころもこそ尊いのだ　ありがたいのだーぞ!」

わたしもそのため愚痴をこぼさずに
てんぷら喰って利口になろおう
この世はまさにてんぷら文化花盛り
なれば大いに僻《ひが》んで批判をして　怯むことなく
大いなるてんぷら教の《てんぷら学》をまなべ
偉大なるエセごろも人間になるために
平凡なるエセごろも人間になるために
おおてんぷらごろもバンザーイ
おおてんぷら人間バンザーイ
（一九九一年十月三日）

＊詩集『夢幻空華』より

元旦の夢

〈命継ぐ深息しては去年今年《こぞことし》〉石田波郷

バブルがはじけ
社会まではじけ
あげくは人間《ひと》の感情まではじけて
世はまさに不況なみだの現在進行形の一年
名のある大企業さえも倒産し
中小企業は木の葉のように散り命終
「倒産　リストラ　失業」

「倒産　リストラ　失業」が合言葉になり
今や失業天国が花盛り

不景気　不景気の嵐の波に
深息しては
明日はわが身にもと不安な顔
タメ息まじりの
不況世相のさけびの一九九八年も
止めることのできない時間に刻まれてゆく
必然の新年を迎えるために！
旧びた団地のうす暗い部屋のテレビには
「ゆく年くる年」が放映され
その安堵と寂しさをいっしゅん心情に回帰

バブルがはじけようが
感情がはじけようが
時間は過ぎゆく去年今年
「新年あけましておめでとうございます」
テレビの画面は　一九九九年　元旦
「元旦はめでたいものだ」という
めでたい日には《夢》をふくらませ
幻の夢をみましょう
ゴージャスな食事をして
新しい車を買って　旅行を楽しんで
せめて日常の夢計画を喰ってさ

元旦の夢には
ふくらんだ精神の地図のような夢があるという
未来地図への夢があるという
たとえ《幻の夢》へのいっしゅんであってもさ
されどされど　めでたい夢から覚めてみれば
幻だけがあり　つめたいつめたい不況風の元旦
「夢は夢でとっておけ」
この正月は家でゆっくり安あがり
元旦の夢で安あがり
現実《うつつ》の身にしみる夢をひき
それもまたこの世の夢なのさ

＊詩集『夢幻空華』より

ドームの河

《崩れ墜つ天地のまなか一輪の花の幻》―原民喜―

太田川に
そよそよ
春の風がふいている
しずかなスカイブルーの川は
ちいさな波のいのちをたてて

川であそぶ昼下りの若い男女のボートに
すべては過ぎ去った水のながれ　波のいのちと
けされてゆく

櫓《ろ》をこぐ
かれら若い男女は
平和公園でたわむれる
あのこころをうしなった鳩のように
のんびり　のんびりと
キャー　キャー　アハハハと笑い
原爆ドームのある土手の方にきえてゆく
それはあたかも
昭和二十年八月六日　午前八時十五分の
阿鼻叫喚《あびきょうかん》地獄の一瞬を忘れさせるような
のどかな光景であった

だがしかし
わたしの眼前にそびえる
さびついた孤高のドームは
おのれの肉をうしなったボロボロの体を
かなしくいたわり
どっしりと無言の姿をもって佇んでいる
二十八年前

あのＢ２９　エノラ・ゲイ号から投下された
数百万度高温の原子爆弾で
美しい河の街広島を破壊し
数十万市民のいのちをうばった
あまりにも悲劇な悪魔の一撃
人類の消えぬ時間
春の日のガレキのドームはその重い影を
耐えて背負っている

蜃気楼のなかに歴史がながれ　人がながれ
新しい生活・文化に悲劇は風化してゆく
その時空の歳月にあって
やけただれた過去を悲しむ人びとは
戦後の象徴　原爆ドームをこころに抱き
悪夢を回帰する
はげしくはげしく廻る現代の文化精神に
傷姿のドームは時代の証明《あかし》となって生きる
しずかな太田川のながれに〈静〉と〈動〉の
二つのさけびをからめ
一輪の花の幻をみせる
〈昭和四十八年春・広島にて〉

＊詩集『晩秋雨』より

中島 省吾（あたるしま しょうご）

ランドセル

同じ小学校に通う仲良しの
さやかちゃんとふうかちゃんがいました
ランドセルを背負って今日も学校に行きます
空から木漏れ日が眩しいくらい差し込んでいます
ハッピハッピ
今日も道路に咲くタンポポを
さやかちゃんが見ています
ふうかちゃんと優しくさやかちゃんは
水を与えてあげました
するとタンポポがありがとうと言って優しく
「もうすぐ僕は雪が降ったら死んでしまうんだ
だから想い出をありがとう
地震で日本はみんなオワッテルカラ二人は優しいね」
というと
さやかちゃんとふうかちゃんは
タンポポをやさしく抱きしめて
泣きました
木漏れ日がニッコリの
さやかちゃんとふうかちゃんのそばで
優しい風が吹きました
それは、切なくて儚い、寂しさを吹かせる
秋の風でした
ありがとうとタンポポと、冬に咲くひまわりの
ふうかちゃんと、フローラルのさわやかな香水の華の
さやかちゃんのそばで木漏れ日が照らして
太陽と木漏れ日の光で三人を包みました
木漏れ日が今日も
さやかちゃんとふうかちゃんを守ります
冬に咲くための準備をしています
たんぽぽという犠牲を見てさやかちゃんと
ふうかちゃんの心に愛の花が咲きました
今日も同じ路上に咲く彼という
あのたんぽぽをいつまでも見守っています
一番輝いた白銀の季節にさやかちゃんと
ふうかちゃんを守りました
すべてが木漏れ日にパワーをもらって
今日もにっこりしていました

愛の花

生きられない人はいます
彼らを殺すな
社会的弱者です

でも社会もゆとりがなくなって
彼らに自立を強要します
右翼の政治家などが自立を強要します
愛の花、誰にも持たせていい
神が決めているんだから
生きられない人にも持たせていいのだから
神が決めているんだから

福祉の職人こづえちゃんは

福祉の職人こづえちゃんは
今日も弱い人を守るために走り回っています
太陽の輝きのように
太陽の光が眩しいです
福祉の職人こづえちゃんは本当には愛の職人です
弱い人に愛を与えたくてたまらなくて
走り回っています
走れ正直者
正直者は馬鹿を見てはならないと
こづえちゃんは悪から弱い人を守ります
弱い人は男女関係なくこづえちゃんに本当はみんな
　kiss の花束を与えたいのです
そんなことにケアしてもらっている人はできませんが

魅力ある太陽ですが
本当は優しすぎる天使だからです
タイヨウノコマチエンジェル
今日もこづえちゃんは弱い人を悪から守ります
太陽の光に打たれて

まだまだ神を

空　海　陸

どこにもお金があれば行けるけど
あの世にはどうしても行けない

死という痛みを乗り越えないと
行けないのか？
「いいえ　いつか行けます」

そんなことなら良い行いをして
そら！　いつかの天に保険をのぞこう

死ぬより良い方法がないなら
神様を信じよう
この世に生まれてきた喜びが生まれないなら
それぞれの神様を信じよう

まだまだ君の可能性を信じよう
まだまだ君の人生を信じよう

一生　人　街
どうしても人は物《ぶつ》を欲するけど
あの世には持って行けない
「悲」という痛みを飲み込んでも
「喜」を飲み込んでも
どっちでも最後に死ぬのか
まだまだまだまだ
はいつくばって

しつこく人生を！

お花坊 chan

お花坊～♪
おはなぼう～♪
おはなをさかせよ～♪う♪
お花坊は昔からのんびりとして
小学校の帰りに田舎の田んぼ畑でたんぽぽの花を見つけるのが好きでした
鼻水も垂れて生まれて来たことがうれしくてうれしくて
虫さんも生まれて来た、虫さんも生きてて大好きでした
お花坊は友達とのんびり時間を過ごす小学校の人気者の
クリクリとした瞳がかわいいおっとりしている田舎者の女の子です
学生時代にモデルとかジャニーズとかやっていましたが
でも時代は変わって
お花坊は中学校の美術科の非常勤教員になりました
今現代の中学校で今現代の茶髪の教頭に虐められて
病院に通いながら一週間に一日だけ中学校に勤務します
一日一善
お花坊は今現代の社会を観ました
中学校の障害を持つ生徒が総スカンで一人でいて
身体的に恵まれない女子生徒が虐められて支援学校に送られていました
それなのに特に身体的に恵まれた女子生徒はきゃははと
やだあ、とスポーツカーの大人の社長の車に乗って帰り
中学校ではみんな点数を稼いで
あたかも身体的だけで特に男の生徒達には

生きている天使のように崇められていました
大人になった非常勤講師のお花坊は遠くから生徒達を
　観ていました
支援学校に送った女子生徒は
おとなしくいつもしくしく泣いていましたが気が弱
　かったので
生きているかどうかこの時代で解りません
支援学校に送った男子生徒もいました
あほのような消えたお笑い芸人みたいな扱いで
いつまでも笑いの神様みたいでした
おとなしくいつもしくしく影でしょぼんとして影で袋
　叩きで
貧乏神の中学生活の生のようでした
彼が大人になったら墓穴回しでストーカー警察時代に
　お花棒も
この時代で汚された彼を助けられないなあ、と思いま
　した
教職員も残業手当が
もう出ない時代のようで五時になると
スポーツカーのような軽自動車の改造車でキバって帰
　ります
毎年恒例クリスマスにホームレス地区で炊き出しの
ボランティア活動を他の教員と一緒にやっていますが

なんかおかしいと気づきました
外はラブラブな人々だらけ
みんな格差で苦しんで
ラブラブな人々もおかしい隙を見せずに
弱くなるかと何かあったら争うようでした
みんなテンパって
生きるのに必死なのを観ました
こんな時代なのに津波で原子炉が壊れました
お花坊が出来るのは病んでいる人がいるということ
弱い人の気持ちを
出版の著作権で伝えることしかできないなあ
と溜息をつきました
お花坊は出版団体の著作権者でした
今もお花坊の家の遠くの外の方から
救急車の音が鳴っています
生きれない人もいる社会のようでした
お花を咲かせたいけどお花に水もやれない社会で
化学製品とかのお花で
みんな開き直ってロボットのお花を咲かせています
水なんかいらないと
キバってテンパってみんなロボットの華を咲かせるた
　めに
必死でキバっています

二階堂 晃子（にかいどう てるこ）

書付

―どろぼうへ
もって行くことは許しません
もって行くあなたは罪人です
もって行ってもあなたは幸せにはなれません―
上り框《かまち》に張り付けられた家主の書付が風に震えてる

「平地にしてあげます
いるものといらないものを整理してください」
その筋のお達しに
暗唱番号2〇〇〇で道路封鎖のゲートを開き
書付震える我が家に入り込めば
時計も貴金属もブランドバッグも絵画も
金目のものは何もない
被災者が去ったもぬけの殻の穴場は
格好の掻き入れ場所と
持っていった泥棒は罪人です
全部は持ち出せなかったとしても

全部　そう全部
家、屋敷、井戸、梅林、竹林、田畑　舞い飛ぶ小鳥
庭に遊ぶアリもヘビも　緑の風、ここだけの匂い
浜通りのコバルトブルーの青空
来し方、生業、つながり　そして先祖の霊
そう、ふるさと全部

―全部持っていったその筋へ
あなたたちは紛れもなく罪深い人たちです
あなたたちは私たちのふるさと全部を奪いました―

家主が本当に張り付けたかったに違いない書付

見えない喪失

教え子が家族について書いた作文を読み合う研究会

に参加した。その中のひとつの作文には、祖父母、両親、中1女子の5人家族が夕食を取りながら、爺ちゃんが咳き込んで、入れ歯と口の中のご飯粒をそこいらじゅうに撒き散らした場面が描かれていた。

ばあちゃんは「しょうがねーな」と言ってかき集め、父ちゃんは「きたねーべ」と愚痴り、母ちゃんは「じいちゃん気にすんな」とかばい、作者は、責められても無言の爺ちゃんに思いを寄せていた。

世代の違う家族のふれあいの光景がありありと描写されている作文を読み合いながら、何でもない日常で結び付き、様々な触れ合いの日々を紡いできたあり方が家族なのだと改めて学んだ。

ふるさとが消え、戻れない被災者が失ったものは、建物や車や田畑だけではない。家族の有り様そのものが破壊されたのだ。震災後、家族がばらばらになり、目に見えないつながりを失った被災者の悲しみは未だに深い。

愚か者に

白茶けた山砂の庭
そこいらにブルーシートの小山
除染という名の景色がふつうになって

卯の花におい
松葉ボタン咲き乱れ
形が整った黄金ヒバ
一斉に咲きそろった草木
変わりなく花開く庭先に
線量は無くなったのですか

屋根瓦を洗った汚染水は
敷き詰められたジオライトに含ませると？
一様に5センチ削った地面の土は
地下1メートルに埋めると？
ブルーシートで被うと？
モルタルは高圧洗浄機で洗い流すと？
—これといった科学的な除染方法はないのですよ—

―各ゼネコンが試行錯誤でやっているのですよ―
打ち合わせで語られていたけど
線量は取り除かれたのですか

大元締め
建設会社
子会社
その下に孫請け作業員
一軒、のべ50人以上の作業員で一週間
天文学的な資金を投入したから
除染という作業の試みでもう安心なのですか
放射能って消えるのですか

毎日、報道される線量の数値
下がっているって
放射能は月日が経てば消えるのですか
子どもたちに
もう大丈夫と言っていいのですか
何年か後に障害は出ないのですか
過去の話としていいのですか
いいはずがありません

放射能の話題すら出なくなっているこの頃
愚かにも慣らされていっている
私も同じ愚か者に

すさまじい無言

10秒、20秒、30秒
教室に音が消え
動きが止まった

俺が
罵ったかもしれない
わたしが
はじいたかもしれない
追い詰めていたかもしれない
沈黙のるつぼの中で
関わった記憶を探っている

傷を負った事実の吐露に
それぞれが自問自答に身を置いて
深く揺れている……
に違いない
すさまじい無言を共有しながら

10秒、20秒、30秒

「作文を聞いて何を考えましたか」
教師が切った口火に
たちまち走り始めた鉛筆の音の波

―言葉が人を打ちのめす
―自分が傷つけていたかも知れない
―私はそばで笑っていた………
―僕だったら耐えられない
―これは基本的人権の侵害じゃないか

オレンジ色の陽射しが
教室の窓を覆っている小春日和
おかれた立場を赤裸々に語れる空間が
自責の重荷の中で困惑する集合が
問いかけ　見つめ、揺れ合う教室が

ここにはあった

―こんなに包み隠さず表す勇気があるなんて
―大変なことがこれからもある
―このあと、ちょっと話しかけてみようかな

まだ続いてる鉛筆の波音の中
覗き込む参観者の前で
ともすれば
葬られてしまう事実と格闘している教室が

ここにはあった

根本 昌幸（ねもと まさゆき）

ごせっ腹やけねえかい

おれの体の中に
今まで棲んでいなかった虫が
3・11以後棲み付くようになった。
（子どもの頃には回虫というのがいた）
ところでこの虫が時々暴れ出すのだ。
余りにもこの世が理不尽なので。

おれは今　原発避難民として
古里を捨て
見知らぬ土地で過ごしている。
古里を捨てた訳ではない。
放射能が高くて
帰るに帰れないのだ。

夕方になると　おれは
古里の方を見て唄う。
フルサト恋シヤ　ホーヤレホーと。
古里を恋しくないなんて人はいない。

さて　その放射能の高い所へ
帰そうとしている人たちがいる。
この人たちをおれはセージ家と呼んでいる。

さてさて　民主党時代のノダというソーリ大臣は
半年もしないうちに
東電の第一段階は収束した　と言った。
（まっかなウソ）
さてさてさて　自民党のアベというソーリ大臣は
放射能海洋汚染水は東電湾内で
完全にコントロールされている　と言った。
東京オリンピックを誘致したいがために。
世界に向かって。
ところが言ったことに対して心配になって
早速様子を見に来たではないか。
アベノミクスがなんだ。
こちらはごせっ腹がやけて仕方がないわい。

ごせっ腹の中に昔のような回虫がいて
暴れまくっていて
毎日虫下しの薬を飲んでいる。

だが　この虫も強くなって
なかなかうんちに混じって出て行かない。
困ったものだ。
ソーセージをぶら下げたセージ家の先生方
あるいはホッキ貝を持ったセージ家の先生方
おれたちのことを考えているのですか。
早くなんとかしてください。
まだ十二万人余りの人々が転々と
さ迷い続けているのをご存知か。
東電のおエライ方々よ
おれたちのところへ来てはペコペコとして
陰ではベロを出しているではないか。
知っているんだぞ
ウソ言ったって
ウソで固まってしまったお前たち。

仮設住宅へ来てみろ
独房と同じだ。
原子炉の中へ入ってみろ
放射能を浴びてみろ。
そしてベロ出してくたばってみろ。
蛙のように
ゲコゲコ鳴いて。

ホームレスじいさん

故郷を追われ
転々として
やっと福島市の義弟の家に落ち着いたのは
三月の中旬だった。
まだ時々雪が降って寒かった。
あれからもう四年以上にもなる。
近くには市営の野球場があって
その女子トイレの階段の所の
小さな空間に
ホームレスのじいさんはいた。

もう八十歳は過ぎていた。
古い自転車とブルーシートで雨や風を防ぐようにして
携帯ラジオを聴いていた。
犬の散歩の時はそこへ寄って
私は必ず声を掛けた。
―じいちゃん寒くないか　と言うと
―寒いっす　と言った。
私も避難者だったが
日本赤十字社から貰った毛布を一枚
持って行ってやった。
―ありがとさん　とじいさんは喜んだ。
義弟は飲食店をやっていて
あんまり客がいない時間を見計らって
ご飯を食べに来るように言った。
もちろん只でのことだ。
このホームレスのじいさんは大学を出ているとのこと
　だった。
確かに言葉使いはよく
いろんなことを知っていた。
食事は一日一食。
食べない日もある　と言った。

ある日
私はじいさんにどうしてホームレスになったのかと
たずねたことがあった。
原因は交通事故だと言った。
車で子どもをはねてしまったのだそうだ。
死にはしなかったが
植物人間になってしまったという。
その弁償で家庭が崩壊
そういうことでこの有様です　と言った。
人にはいろんな事情がある。
私は何も悪いことはしてはいないのに
家や土地を失ってしまった。
私は三ヶ月ほど義弟宅に世話になって
相馬市に移って来た。
じいさんは別れの朝にやって来て
なにも言わず深々と頭を下げた。
さびしかったのだろう。
あの日以来
私は義弟宅をたずねたことはない。
あのホームレスじいさんを時々思い出す。
元気でいるだろうか

生きているだろうか　と。

天地異変

雨が降ったかと思うと
豪雨になり。
風が吹いたかと思うと
強風になり。
雪が降ったかと思うと
数メートルの積雪になり。
やはり地球は狂ってしまった。

3・11のあの大震災のとき
天罰だ　と言った
小説家で政治家がいた。

たしかに天罰かもしれない。
人間は時代と共に
地球をいじめ過ぎてきた。
乱開発はする。
自然界の動物や植物は
行き場を失った。

これが異変の元だった。

なぜ早く　それに
気が付かなかったのか。

目先のことばかり考えて。

生物のいる
地球を大切にしなかった。

悲劇はそこから起きた。
めざめるがよい。
人間よ。
否　地球上の生物よ。
たった一度の命のために。

高畑 耕治（たかばたけ こうじ）

いま、ここで

私は動けなくなりました。もう何年もの間、寝たきり、でもほんのちょっとなら。もっともっと動きたい。そうだね、と先生はおっしゃってくださいます。私もそうだなって、願い、祈り、寝たきりです。太陽を、海を、青空を、白い雲を、せせらぎを、野の花を、木の葉を、風を、夕焼けを、あわ雪を、もっと見たい、感じたい。

手を私に差し伸べ、からだを持ち上げ、連れ出してくれる人がいます。ありがとう。

あの日、このベッドに、津波は届かなかったけれど、心痛くて苦しくて泣きました。私と同じ祈りを抱いたまま、動けず波にのまれた人、連れ出そうと、そばで、一緒になって、のまれてしまった人。ああ。

祈ることを私捨てません。でも、どうして。

私は動き出しました。まだ何にも見えません。手のひらを開き始めたばかり、しっぽもあります。海にいます。お母さんの海、おなかの海。

私がいのち灯る卵となったあの日、津波はここに届かなかったけれど、おびえふるえて泣きました。私と同じふくらんでゆく願いを抱いたまま、もろともに波にのまれたおなかの海の小さな卵とお母さん。ひとり、ひとり。ああ。

生まれることを私やめません。でも、どうして。

津波がここまできたら、放射能の見えない波に襲われたら。怖くて心張り裂けそう。逃げたい、駆け出したいけれど動けない、ほんのちょっとだけしか、このからだ。

手を私に差し伸べ、連れ出そうとしてくれる人がいます。おなかに私を抱きかかえ撫でさすりゆっくり一足ずつ歩いてくれるお母さんがいます。

私は生きたい、逃げたい、私を思ってくれる、優しい人と。お母さんと。お兄ちゃん、お姉ちゃん、おじいちゃん、おばあちゃん、みんなと。

決して自分が死ぬことはない場所で苦渋の決断を演じる為政者には、ここで、いま、危険に晒されているいのちを守る気などないんだ、金儲けしか見えない傲慢な知識が拵えあげた容器は脆い、虚飾はすぐ剝がれる、と先生はおっしゃいます。

私も見捨てられたと思っています。こんなに地震ばかりなのに。また崩れるのに、メルトダウンするのに、どうなるのだろう。犬たち、猫たち、牛たち、馬たち、人間以外の生き物たちと一緒に、私のこと死んでもいいと、頭のいいあの人たち、思ってる。見え透いた嘘まみれの言葉まき散らさないで。もうこれ以上汚《けが》さないで。

蟬しぐれ、夏がきました。あの夏の、空襲と原爆。動きたくても動けなかった人、どんなにつらく苦しく悲しく痛かったでしょう。ああ。

人間は弱い生き物だと思います。短いいのちを懸命に鳴き尽くす蟬たちより、愚かな。ただ愚かだと少しだけ感じとれて、泣くことをゆるされた。

ちょっとしか動けない私のそばにいてくれる、大切な人の、お母さんの、愛する人の心を、壊さないで。世界中のどんな人よりも、心だけはいっぱいに動かして、私はただそのことだけを、思い、願い、祈っています。

ここに、私が、いま、こうして、生きていること、生きたいって願っていること、心痛くてつらくて悲しいこと、死にたくなること、助けてくださいと祈っていること。いのちを、泣きながら、私生きています。たとえ、忘れられていても。

いま、ここで。

十四歳。いのち、巣立ち。公園で
(福島の同窓生に)

小二の妹　わたし中二
近くの公園
遊びにいったの

五　六年生かな？　女の子たち
大きな滑り台　小さな富士山
駆け登り　滑り降り
はしゃぎ声

駆けあがり　頂上の友だちの手に
つかまり　登頂
離し　滑り降り
また　登り

わたし見つけてしまったの　ああ
ネットのカキコミ
「避難民、よそ者のくせに、
　偉そうにすんなよ。
　放射能うつるだろ、
　キモイから近寄んなよ」
妹とわたし
転校生　福島の
海辺のまちからの

仲間はずれの　擦《す》り傷　とても痛い
突き落とされ　こころ砕けそう
大人たちのいじめ社会
まねなくていいのに
ほんとは帰りたい
帰れないだけなのに

わんぱく坊主　男の子の大将は
お山の頂上　独り占めしたがるけど
公園のお山のうえの女の子たち
引っ張りあげてた
滑り落ちそうな友だちに
手をさし伸べて

妹　楽しげに見てた
わたしの横でほんとは　うずうず
五　六年生　感じてくれたのね
「いっしょに遊ぶ？」って
わたし見あげた妹に
こっくり

妹　駆け登っていった
まぶしい笑顔で

夕陽もう茜色　小さなお山染め
逆光に妹たち　影絵のシルエット
帰宅うながすチャイム響いて
流れた音楽
ああこのメロディー
あのころのふるさとの

茜色の旋律に溶けだしたの
見えたの　わたしの
大切な小学校
あのなつかしい教室　校庭
散り散りにされてしまった
大好きなお友だち　先生
手をふってくれてる　わたし
駆けだしたの
福島の　みんなに向かって

会いたいよお

八月十五日

記念日
なんのため

お国のためなんかにもう決《け》して
死なない　死なせない
お国のためなんかに
殺さない　殺させない
こころに言い聞かせ

戦死させられた祖父
あふれた嘆きかなしみ

対話し
祈念する

お国のためなんかにもう決《け》して

長澤 靖浩（ながさわ やすひろ）

約束の島

この国は約束の地
誰もが　雨風をしのぐ屋根のしたで
すこやかに　愛にかこまれ
毒入りでないものを食べ
破れていない服を来て
好きな歌をうたい
読みたい本をよみ
躍りつかれて眠る
病のときは手当をうけ
仕事をうしなえばさがしてもらえる
どうしても働けなくなったら
あなたが人らしく生きるために
必要なものすべて
皆があなたにとどけてくれる

この国は約束の地
足がなえた人は　車椅子で
目の見えないひとは　愛すべき犬と一緒に
好きな場所へ出かけ
会いたいひとに会う
一番困っている人がお先にどうぞ
力あるものは
縁のしたでそれをささえる
きれいな水
おいしい空気
樹々は風に梢を揺らし
やさしい人たちと一緒に笑う
この約束はすべて
国があなたに誓ったもの

この島は約束の島
無謀で残虐な戦争に敗け
焼け野原と化した島の上で
皆でともに交わした約束

背割堤

木立ちにきみが
足を踏みいれると
樹々がざわめいて
「お帰り」と囁く
鳥がさえずり
木の間に雲がながれ
日の光が斜めに射して
葉陰が地面でゆれる
きみは少女のように
風に乗ってすすみ
ときどき僕をふりかえってほほえむ
空を仰ぐと
太陽が眩しくもなくくっきりと丸い
空は紺から紫へとどこまでも深く
その底は宇宙にまでつながっている
木立ちが途切れ
洲が広がる
草原の中心から
世界を眺めわたすと
花が　木々が　川が
土堤が　遠くの山々が
煌きながら旋回する
観ている僕らと
世界はひとつに溶けて
神が神を観ている合わせ鏡が
空と大地の万華鏡になる

プライド

日本の警察官よ
本物の誇りをもて
君たちは国家の犬ではない
地域の小さなもめごとから
凶悪犯罪まで
様々な事件が次々と持ち込まれ

そのたびに出動し
まるで「何でも苦情係」のように
街の安全を守り続ける
その一見甲斐のない日々の雑駁な営みにおいて
君たちは街の人々に信頼され
「おまわりさん」と
親しみをもって呼びかけられる
そんな君たちに
僕はご苦労様と呼びかける

日本の自衛隊員よ
本物の誇りをもて
君たちは存在自体が憲法違反だと批判されながらも
日々の厳しい訓練に励み
災害の際には救助に向かい
瓦礫の中から幼子を抱きあげ
ひとりでも多くの命を救う
どんな国の誰に向かっても発砲せず
勝つことを目的とせず
世界の誰も戦争で死なないことを目的に
憲法九条のもとで地道な仕事を続ける
かっこいい英雄の道を求めるのではなく
逆に二度と君ら自身が英雄にならなくてすむ
そんな平和な世界を願って献身的な任務を続ける
日本の自衛隊員よ
そのことにこそ、誇りをもて
そんな君たちにこそ
私たちはご苦労様と呼びかける

父と子の光景

私の投げたボールを
子ども用のビニールバットで
ポンと打ち返した三歳のおまえ
ボールは私の頭上を越え
振り返ると青い空に浮かんでいた
そのとき

おお今にもっとうまくなるぞ
と
ほくそ笑んだ私は
気づかなかった
その瞬間こそが
おまえと父との
二度と戻ってこない
永遠の今ここだったのだと
だから
六歳のおまえが
将棋をしよう
と
父の部屋を訪ねたとき
私は邪険に
あっちへ行け
と
言ったのだった
また明日にでもできる
今は忙しいのだからと考えて
おまえは

かなしそうに顔をしかめて
ドアを閉めた
その瞬間こそが
おまえと父との
一度かぎりの　今ここだったのだ
私の幼いとき
私の父が
たった一度だけ
寝ころんだまま
足ではさみこむ怪獣役になって
ウルトラマンの私の相手をしてくれたように
ちょうどそのように
おまえがポンと打ったあのボールは
今も
永遠の
青い空に
浮かんでいる

いがらし かずお

覚醒　あるいは　哀歌

彼が死を意識する中で記した言葉……
「なんにも良い事がなかった……
　せめてあの世では　仲良く暮らしたい」と……

僅か月十二万の年金くらし
月六万の二世帯住宅のローン返済
ふたりの生活の糧は　月五万にも満たない事実の中で
およそ人を疑う事の無い笑顔とともに
「半年ぶりに湯船に浸かれた……
　あったかいご飯を食べられた……
　ありがとう」と……

彼と難病の妻との生活は、
近くのコンビニの菓子パンをふたりで分け合い、
素人然の妻の世話で時間が過ぎていった……

彼が死を意識した中で記した言葉……
「先に逝ってるから……
　先に逝って、待ってるから……
　せめてあの世では　仲良く暮らしたい……」と……

〈すべて国民は、健康で文化的な最低限度の生活を営む権利を有する。
国は、すべての生活部面について、社会福祉、社会保障及び公衆衛生の向上及び増進に努めなければ

　ならない〉

俺が諳《そら》んじて語ったところで
弥生　晦日の　大潮の月が傾いでいくだけ
だから俺は　変革の当事者で在りたい

大塚 史朗（おおつか しろう）

野道で

野の道を歩く
遠くに見える北の山々は白く光る夕暮れ
飛ぶ鳥の姿も
取り残した柿の紅色も見えなくなった
西方に流れて行く一直線に走るすじ雲だけだ

航空路になっていない空だから
光る先端は米軍の艦載機か
敗戦になって六十八年もたつのに
空は占領されたままなのか

すじ雲の発生する時は天気は下り坂
——干しわらを取り込まなければ……
の声は三十七年も前に別れた父
草の道の下は
かつて我が家の田んぼだったのだ
耕地整備事業してから十年以上もたつ
米作りを終了してしまってからの歳月だ
耕作地を維持するために
手間のかからない麦作だけの生活
雨になっても風になっても雪降りでも
家にとじこもっているだけだから
空模様に心くだく事なくなって久しい
農作業に時間をとること少なくなっただけ
書斎に入っている

すじ雲は後方から徐々に消えていく
米軍の戦闘機も
やがて見えなくなる日も来るだろうか
足元に目をそそぐ
億年も生き　冬になれば枯れていく雑草たち
どれもが確実　先端に
引継いでいく生命の準備をしている

焙る

トボーグチ〈玄関〉を開けると
土間続きの突き当りに　囲炉裏があった
「寒いのに　ようおいでなさんなんし
　まあ　手足をあぶってくんなんし」

何のお使いごとだったか
死者の知らせの　告げえの時だったか
何年前か　どこの家を訪ねた時だったか
記憶の糸をたぐってみたが
もつれた糸の先は定かでないが
〈あぶる〉という言葉と　女たちの声は
このごろ　時々よみがえる

あぶるとは火にあたること　しかも焚火
桑の条や粗朶を燃やしたのだが
冷えきった体を暖めたので
何よりのごちそうだった

二十一世紀の時代になって
他の家を訪ねること　まれになったので
特に寒い季節は　こたつに足を突っ込んで
新聞や本など読んでいて
ぬくぬく暖まっていること多くなったので
かじかんだ手足や体をあぶること
殆んどなくなってしまった

しかし　このごろ
しんから暖かな気持になること　少なくなってきたの
だ
その矢先　3・11東日本を襲った地震と津波
そして原発の事故
日本国の文明の行き付く先が破滅への道すじに繋がっ
　てたのか
放射能という永劫続く怒りに
真向う日々をおくらなければ　ならないか

「さあさ　もう少しこっちに寄って
　手足をあぶってくんなんし」
粗朶を折るあかぎれの手と
やわらかな声の記憶だけは
残しておこう

踵

足偏に重とかいて　きびすと読む
きびすというのはどこかとかみさんが聞く
かかとのことをそういうのだと言う

きびすを返すというのは
後もどりすることだ
ようするに爪先を反対にすることだから
うしろ向きになる

農で暮した生涯は
たずさわって来てから　六十年になるのだが
方向転換しようと思ったこと
一度もなかったから
まあ　平穏な生涯だったということか

ここ六十年近く　日本社会は
転職など　無縁の生涯をおくった人が多かったから
クラス会に出かけても　町内会の飲み会でも
後期高齢者といわれている人たち
みな恵比須顔で盃を傾ける

二〇一四年四月　とある日の新聞で
若年層で　不正規雇用者が
四割以上いるという記事が出ていた
同じ日の知らせに
正規と派遣労働者の
生涯の賃金格差は　一億円以上もあるという

若者の多くが
結婚をして　子を生み育てることが
ますます困難になってきたのだという
その制度が　今後も強く進められて行くのだとある
こんな体制をつくり上げてしまった我等
後世の人々に　どう顔向けできる

おれは今夜も
酒を飲み　酔っぱらっていても
テレビなどに　時間をついやすこと出来ないのだ
いつから知らぬ間に

ほろびの道筋に　踵を返してしまったか
とペンを握る

千人針の腹巻き

ひと握りの布が歩いて来る
あるいは浮び上って来る
今から三十年も前に出会った布だ
「これはあんたの親父さんが虎の絵を描いてくれたも
　の　ほしかったら上げるよ」
よれよれの所々すり切れた
薄茶色の手ぬぐいを重ねたような布
「千人針のはらまき?」初老の男はうなずいた

確かに中央に虎の姿が見える
赤糸を縫い付けた星が一面にちりばめてある
虎は千里走っても帰るのだという謂《いわ》れにもとづき
出征する若者が身に付けていたのだ
女たちがひと刺しひと刺し結んだ赤糸の塊は
ひとり一人の帰還への希いが託されていたのだ

父は夜なべに時々描いてやってた事は知っていた
国民学校三年の担任も　父の絵の鉢巻きをして
冬の校庭を走っていた　そして出征した

敗戦になって
誰などに描いてやったのか尋ねた事があった
「忘れちまった　帰って来ない人も多かった」

受け取りを遠慮した布
まもなくその家は取り壊されたので
布も消失してしまったか
譲り受けをこばんだことを残念に思っていたが
しばらく忘れていたのだ

二〇一二年の晩秋
テレビや新聞を見ていると　衆院選挙に次々と新しい
　政党が誕生
政策などを知ると　夜半
突然一握りの布が歩いて来るのだ

洲 史（しま ふみひと）

拒否するための理由を考えるより

Ⅰ　愛情弁当論の破綻

以前の横浜市教育委員会の中学校給食拒否の理由
「親の愛情のこもった弁当が必要だ」
これに対して
「弁当だけで愛情をはかるのか」と
母親・保護者が怒った
「きつい労働条件のなかでも
　愛情込めて給食を作っている」　調理員が怒った
それでも　市教委は 愛情弁当論を と言い続けた。
ある時から突然　愛情弁当論を言わなくなった
「愛情弁当論は破綻したのですか」
市民の問いかけに　なにも　答えられなかった
中学校給食を拒否する結論が先にあった
そのために無理やり考えた理由づけ　愛情弁当論

Ⅱ　自己責任論の無理

現在の中学校給食拒否の理由
市民の要望に対する横浜市のこたえ
「中学校期になると体格・食事量など個人差が大きくなり、給食などの画一的な献立よりも、子どもたちが自分の体調や栄養バランスを考慮した、個々に応じた昼食の方が望ましいと考えており、中学校では家庭からの弁当持参を基本としています。なお、業者が学校で販売する弁当又はパンを利用できます。」
中学校のお昼ご飯に
何を食べるか　もしくは　何も食べないか
それは　君と君の親たちの責任ですよと
十代前半の子どもたちに自己責任論を押しつける
学校給食は
体格・食事量など個人差に対応できないのですか
子どもたちの体調や栄養バランスを
考慮していないのですか

食物アレルギーに対応できないのですか
中学校給食を拒否するための理由づけは
全国の学校給食の工夫・成果を面罵する
横浜市の小学校の給食の実践をも否定する

Ⅲ　あなたも

あなたも公務員なら
中学生の願いを　市民の願いを
拒否するための理由づけを無理やり考えるより
どうしたら実現できるか考える方が
楽しくやりがいがあると思いませんか
中学校給食を実現したあと
学校訪問をして
中学校給食を食べて見ませんか
校長室ではなく教室で
中学生の生き生きとした　にぎやかさに囲まれて

横浜市のお金

いくら運動しても　中学校給食は無理でしょう
横浜市には　お金がないのよ
給食を始めるための調理室をつくるのに二六〇億
円もかかると言うし
毎年毎年　運営費に六〇億円もかかるのよ

気のいい小学校の女性教師は　そう　ぼくに話しかけ
る
ぼくの財布には　二万円が入っている
今日は給料日直後　少し裕福だ
ぼくらには億というお金には縁がないので
なんとなく言いくるめられてしまいそうだ
でも　少し冷静になって考えてみよう

巨大都市　横浜　中学生は八万人
給食施設が三〇年間使用できるとしたら
一年間は八億七千万円

それを　生徒数で割れば　一人一万円ほどだ
年間運営費も生徒一人当たりにすれば七万五千円
あわせて　一人当たり　八万五千円
おおまかに子ども一人当たり年間九万円が
中学校給食にかかる費用だ

＊ここの計算は以下のようになる
二六〇億円÷三〇年＝八億六六六六万円
八億六六六六万円÷八万人＝一万〇八三三円
六〇億円÷八万人＝七万五〇〇〇円
一万〇八三三円＋七万五〇〇〇円＝八万五八三三円

事務室のぼくの机の上には
甲斐　山梨の学校事務職員のレポート（全国学校事務職員制度研究会ニュース二〇一三年十月号）
人口六二九人の小さな自治体の取り組みが紹介されている（山梨県丹波山村）
図工等のセット教材も　ドリル・テストも
校外活動費も　修学旅行費も　ＰＴＡ会費も
そして給食費も　全て公費で準備されるという
小中学校で保護者からの集金は一切ないという
小学生一五人　中学生六人

「村の宝である子ども支援を充実させ村を元気にさせたい」
村の教育長の意気込みが記されている

横浜市の人口　約三七〇万人（二〇一四年一月一日現在推計）
横浜市の一般予算一兆四一八二億円（二〇一四年度予算案）
特別予算を含めれば三兆五千万円ほどの予算規模になる
教育予算は八八二億円（二〇一四年度予算案）
給食施設整備費　年間運営費を足しても
教育予算は一般予算の一〇％にも及ばない
国からの地方税交付金には　小さな村にも横浜市にも
中学校給食実施のための費用も積算されているのではないのか

横浜市にないのは　お金か

※「市教委の試算では、新たに調理室をつくると整備費二六〇億

円に加え、人件費などが六〇億円がかかる。市教委の予算は年間一〇〇〇億円。『毎年六〇億円の負担は大きい』市教委担当課長は話す。」（朝日新聞　二〇一三年九月二六日より抜粋）

助けて　と言おう

「子どもたちには
助けて　と言える大人になろうと言っています」
あるシンポジウムで参加者から聞いた素敵な言葉

「次代を担うグローバル人材の育成」などと
ちまたでは　声高に言う教育委員会や大人もいる

励め　自分を磨け　闘え　争え
優秀な人材となれ　闘い続けよ
結果は自己責任

そんな支配のコントロールに流されないで
弱音をはこう　助けて　と言おう
友だちにも　行政にも
臆することなく　助けて　と言おう
健康で文化的な生活をおくる権利って
思いのほか身近にあるのかもしれない

こまつ かん

俺のことか？ 俺は大丈夫だよ

（一）

この頃　近所が騒がしい　特に夜だ
俺がそろそろ寝ようかというとき
隣の伯母ちゃんちに他所の男が来て
遅くまで飲み食いしてる
俺も伯母ちゃんも一人暮らし
こりゃまずいぞ
電池が消耗しかけた懐中電灯で
ついでに足をのばし　町内を巡回してやった

俺がこんな暮らしをしてるのに
夜の宴会に　伯母ちゃんも　俺を
招待してくれんのが　ちょっと変だ
たまに　おかずを持ってきてくれる

俺の好物は知ってる　そりゃ嬉しい
朝一番　妹の文から電話
夜は眠れてるか？　いきなり聞いて　きた
が　俺の状態は良好　一日五百円じゃ無理だ
タバコとコーヒーが俺には必要不可欠
なんとかしろ　俺はせがんだ　そしたら
自立支援医療の申請手続き　と迫ってきた
節約しないと共倒れ　この世は金しだい
家計が厳しい　妹の口癖だ

（二）

杉さんちの東の伯母宅は
杉さんの性分を承知しているから
そう深刻にとらえてはいないようだが
西の山田さん一家には保育園児もいて
杉さんの　最近また目立ちはじめた
ウロウロ現象が気になっているようだ
杉さんは精神科入院歴があるが　地域では
真面目でおとなしい人と受け止めてはいる

だが　春と秋はやはりなーという気がする
一人で笑ったり話したりする姿を見ると
奇異な行動だけが独り歩きして
人は予測できないことへの不安をつのらせる

山田家のお嫁さんが保健師さんに電話をし
保健師さんから民生委員の私に連絡が入った
ちょっと杉さんの様子をみてきてほしい……
行ってみたら　杉さんは縁側で煙草をふかし
居間ではテレビの音がガンガン
このあたりは夜になると空き巣が出没すると
テレビがしゃべっている……そう小声で話す
心なしか表情が硬いようだが
他はいつもの調子かなと思った

聞けば　病院の看護師さんの訪問が
以前は月曜日と木曜日だったが
今は隔週の水曜日に減っているというので
また訪問の頻度を元に戻して
話を聞いてもらったらどうかと提案すると
それだって金がかかることだからと
いい顔はせず　小遣いが制限されている身と
妹への不満を語り始めた
また　一人じゃ淋しくてだめだから
嫁さんをもらいたいとも訴えた

（三）

久しぶりに担当の保健師さんから電話がきて
兄の最近の様子を聞いたので
伯母ちゃんと兄に電話をかけてみた
伯母ちゃんによると　兄は
テレビをつけっぱなしにしていることが多く
何か知らんけど大丈夫かなんて幾度も聞く
それで　神経質になっちゃだめだよ
そう言い聞かせたところだとのこと

私たちは　両親もなく　兄妹ふたりきり
私は隣県に嫁ぎ　下の子が大学を卒業予定
兄は中学を出て　大工のお弟子さんになった
発病したのは三十代だったかな

兄は電話で　ああ　文か……
俺か？　俺はなんともないよ　五体満足
眠れてる　近所か？　変わりないな……
あっけらかんとした返答
妄想という言葉で刺激になりはしないかと
気持ちが過敏になっていないかと言い換え
あてもなくウロウロしていないかと聞き
昔のように外に向かって
ウルセエ！　なんて言ってはダメと伝えた

兄は妄想で浪費が激しい時期があったので
蓄えはなく　障害年金二級で暮らしている
持家だから家賃はないにしても
食費や光熱費など諸経費がかかる御時世
兄は多少気分の波はあるものの
精神的に落ち着いているが
私は将来のことを考えると
私は家計を厳しくせざるを得ない
でも　ひもじい思いだけはさせたくないと
伯母ちゃんに協力してもらい　小遣いや食費
医療費支払いなどに気を配っている
兄は　一日五百では生活ができないと言う
昔から五百円なら五百円　ピッタリ使い切り
残金を次に回してこうしようという
気が利いたやり繰りなどはできない
借金はしないが　人に奢ることはあるようだ

自立支援医療の手続きをしてくれれば
所得に応じて上限は決められるけれど
医療費の負担額が上限を超えた分は
支払わないですみ
一時的に窓口払いが楽になると説明しても
それが理解できないのか　変化への不安か
手続きが面倒と感じているのか
この話は進展しない

兄は　小遣金について
たまに不平不満を言うけれど
俺の年金だ　俺がどう使おうとかってだ
との強引なことは言わない
感情が鈍くなっている面もあるのかどうか

兄は人当たりが柔らかい方で
週に三回食事や掃除に来るヘルパーさんや
訪問看護師さんともうまくやっているし
保健師さんや民生委員さんも拒まない

（四）

このあいだ外来で　閉鎖病棟で一緒だった
同じ年の一男が死んだと聞き　びっくり
身寄りがなく　療養病棟に入院中だった
面会相手がいなくなり　楽しみが消えた
死んだ原因は餅饅頭をのどに詰まらせたこと
しかもナースセンターのカウンターで
看護師の見ている前でドテン
一男が餅饅頭を食べながらヨタヨタ来て
慌てて飲み込んで……と想像した
百円の餅饅頭一つでいのちを落とした
一男は糖尿病で
病棟に戻る前にこっそり食べた
意地の悪い看護師に見つかれば　それこそ
糖尿病なのにときつく注意されるのが落ちだ

前　一男から　何もせず長期入院
通帳に一千万近く貯まった　と聞いた
本当に身寄りがなく　患者の噂では　死後
病院がその金の処理に困っていること
役場から福祉の担当の男が一人
病院からケースワーカーと受け持ち看護師
この三人で火葬場
町内の寺で無縁仏
無常

さて　文がよく口にしてる　健康が一番
俺も今後病気にならなきゃ　それだけで儲け
この病院は今　入院時の保証金が十万！
死後の戒名は不要　霊柩車と火葬料のみか？
数万も残せば後は大丈夫
な　文よ……
そう考えたら気が楽になった　全身脱力感だ
俺は死ぬとき　金で迷惑はかけないつもりだ

田島 廣子（たじま ひろこ）

人生わからない

胸部大動脈瘤解離で胸が痛いと訴え
娘が駆けつけると倒れて意識がなかった
女は新幹線さくら号に乗り
　生きていてほしい
　早く顔が見たい　血圧は？
血が騒ぎ　胸が騒ぐ

若いころ銀行員　壺やカレー皿を焼き
魚泳ぐ川には　ホタルが飛び交い
カブトムシが飛んできて捕まえた

今　ガードマン
雨は顔を濡らし
風は貧乏　金なしと叫ぶかのようで
排気ガスは容赦なし
逃げ出したくなるような太陽の下
顔はタールのよう
皮膚は十円玉のよう
　モテルはずがないよ
男は笑って言ったよ
扇風機と冷水で暑さをしのぎ
ランニング　パンツ姿で月を見ていた

電気をつけるとゴキブリも女も
ビックリ飛び上がる
むかむかして台所にしがみついて
もうないもうない　胆汁まで吐いた
この部屋に女は五泊し見舞った
無事に男が帰れますように掃除をして
菜の花を生けた

歩く

歩いて横断中
車にはねられた

両下肢に装具をつけて
老人施設の廊下を歩く
自分の仕事のように歩いている

髪は伸ばしぱっなし
おさげに編んでいる

週二回の入浴日は　服を着がえるが
着がえる服がない
すりきれて　ボタンも色あせて
（いつも同じ服であきないの）
（夢わくわく　おしゃれしたくないの）

もう二年娘も息子も面会にこない
と、彼女は私に話した

ケアマネージャーのKさんが
　面会に来てほしい
と、何回電話をしても
留守電になったり　切ってしまう

交通事故が
彼女の一生を　悲しくさせている
わずか何秒　車がストップすれば
彼女の命の歯車は　欠けなかったのに

今日も　また
おさげ髪を揺らして
自分の仕事のように歩いている

無視、無関心でおらぬこと

医療、介護の業務に看護師として働いて四十七年近くになる。六十八歳いつか自分も今度はお世話にならなければならない時が必ず来る。さけては通れない道である。

政治家でも、会社の社長でも死はある。命は生まれてくるためにあり、命果つるためにある。ある大臣が、日本の医療に関して「枯れ木に水をやるな」と言われた。ひどいことを言う大臣やなあーと思った。しばらくして癌で死亡された。

私が講演で聞いたマザーテレサさんを書きたい。本ではなく「ほんものに会える」と、うれしくて、ワクワク興奮していた。全身白一色　サリーをまとって、小柄、色黒く、笑顔と、しわが光って見えた。ものおじしない、思いは、はっきりと言う姿勢である。インドで車をさしあげたいと言われるが、きっぱり断わり、路上で死にそうな人を収容する建物がほしいと言った。あなたは言えますか！

路上で倒れ死にそうな人がいると、施設にお連れして、やさしい言葉やあたたかい心で死の最後を家族のように迎えるのです。命の価値観は皆同じと、叫んでいるようである。

すごいエネルギーがあった。「無関心　無視することほど、こわいことはない」と言われた言葉を、心に留めて、正しいこと、正しくないことを、言えるように成長したい。

天王子動物園を歩いていると、何やらけんかかと思い近づくと、死にそうな女の人の指から、指輪を抜き取ろうとしている人たちであった。恐ろしい痛みである。だれにもささえられずに……事実から目や耳、手を傾けられずに死んでいく人である。無言の遺骨は、ふるさとには、かえれなかった。

介護施設で働いていた時のことである。

「フイさん」と言う老女がいた。いつも手にスプーンを持ち、なめている。カルテを見ると、家族に虐待されて、食事もろくに食べさせない、家の中に放置されていたのを地域の人が発見し入居となった。認知もあり寝たきり臀部に床ずれもあった。快方に向かい、会話することで、しゃべりだした。言葉を思い出したようであった。かかわればかかわるほど、相手を元気にすることができると、信じている。笑い声のする現場である。「ここにいて、あっちに行かんどって」と言われたこと。「みなさびしい。さびしいんです」と言われた言葉を私は忘れない。私へのメッセージでもある。

一番気になっていることは、空き家に老健施設などが次々建つが、そこで主力になって働くヘルパーの賃金が労働の割には時給が安いことである。食事もしっかり食べられない。結婚できない若者、生活がうるおせる賃金の確保が緊急を要する、政治家は現場の状況を直視してほしい。給料の見直し　必要な所には金を使うこと。でないと大切な未来がこない。政党助成金毎年三二〇億円の税金を日本共産党以外の各党が山分けしている。もう二十年たつ。政党助成法廃止して、教育、福祉、医療などに国民の税金を使うべきと思う。

志田 昌教（しだ まさのり）

悔恨………母に捧げる詩

始まりの夜

家に帰ると母の姿はなく
なぜか近所のおばさんがいた
お母さんが病気になってしまったのと
夕飯をつくり食べさせてくれた

いったい何が起こったのか
まったく理解ができなかった
警官だった父が慌てて帰って来た
炭鉱争議の渦中の大牟田から
一緒にいてくれたおばさんも帰宅して
わたしは眠ることもできずに怯えていた

翌日も母は帰って来なかった
その代わりに祖母が家に来てくれた
やがて父と訪ねた母の病院は
面会所の窓に格子がはまっていた

精神分裂症………
その病名をわたしは上の空で聞いた
そしてぶつぶつと独り言をいう母を
不気味な思いで眺めていた
母はいったいどうしてしまったのか
不可解な恐怖がそのとき芽生えた
わたしが七歳のときだった

そんな母の影響で幼くしてわたしは
世の中に満ちた不条理に気がついた
さまざまなひとびとが偏見と差別で
ひととしての権利を奪われ生きている
知能とはなぜ進歩したのだろう
些細な違いを認識し抹殺するためか

存在を許されぬ

母は存在を　許されぬひとだった
どうしてこのひとが　わたしの母なのか
誕生を拒める権利が　もしもあったなら
わたしは躊躇なく　行使しただろう

その母を置き去りにして父は逝った
わたしが十歳のときだった
母の妄想はますますひどくなり
見えない相手と絶え間なく口論し
聞くに耐えない罵声を浴びせ掛けた

人間とはいったいどういう存在かと
幼くしてわたしは考え始めていた
同じ年頃の子と相容れぬ思いを
常に抱きながら生きるしかなかった

長じてわたしが働き始めると
精神病院に母を閉じ込めた
そうしなければ人並みに働くこともできず
わたしまでが社会から弾かれそうだった
母にも情があることに敢えて無視をして

もしも母を完全に棄てることができたなら
それだけで叶う夢もあったろう
けれど見えない十字架を背負って
生きる勇気もまたわたしにはなかった

人生の大半を精神病院で過ごし
母は七十二でようやく逝った
その笑顔のような穏やかな死に顔に
わたしはありがとうと思わず涙ぐんだ
最後の数年間を老人病院に
移せたのが唯一の救いだった
母のためではなく
わたしのために……

ある歌手の死

介護に疲れて自殺した歌手がいた
車椅子の母親を生きたまま残して
それはもうひとりのわたしの姿
古いレコードを探し出して聴いた
明るい歌声が悲しかった

弱いと責めるのは誰にもできるけれど
無責任となじるのは容易いけれど
どうにもならないものを託された哀しみは
その本人にしかわからないだろう
そんなとき偶然このことばを聞いた
「あるがままのものを　あるがままに受け入れよ」

人生の帳尻はその最後に
ちゃんと合うようにできているという
それではわたしの人生の帳尻は
いったいどうやって合わせればいいのか

チャップリン　マリリン・モンロー　島崎藤村
みんな狂気の血を引いているという
けれど人並みがやっとのわたしなら
彼らを引き合いに出せるはずもない
しかしこのまま何もしないのも
やはり耐え難いことだった
自殺した歌手に思いを重ねあわせ
見よう見まねで詞や曲を書いた

母から受けた負の恩恵は
作品のテーマを得るのに役立った
母の存在が次第に大きく
掛け替えのないものになって行った
名声や富に恵まれなくても
わたしは生き甲斐を感じ始めていた
こういうことなのかとそのとき思った
「あるがままのものを　あるがままに受け入れよ」

夏の落ち葉

夏の落ち葉　さくさく　乾いた落ち葉　さくさく
踏まれて弾けて散って　積もって土になる

蟬の死骸　ぱりぱり　乾いた死骸　ぱりぱり
落ち葉と一緒に砕け　混じって土になる

つい昨日まで　いのちだったものが
今日は形もない　ただ静かな小道
木の葉だったものは　何だったのだろう
蟬だったものは　何だったのだろう

夏の落ち葉　さくさく　蟬の死骸　ぱりぱり
乾いたわたしの影が　生きてるように伸びる

永遠

光を映像として　感じ取れる目や
振動を音として　捉えられる耳が
なくなれば世界は　何もないとおなじ
永遠の闇が　続いているだけ

時間を感じ取れる　意識がなくなれば
一瞬も永遠も　つまりはおなじこと
わたしという存在が　なくなってしまえば
それは世界が　消えたのもおなじ

ランボーは永遠を　夕陽と海に見つけたが
わたしは目を閉じて　耳を塞ぎ見つけた
無機質と化した　わたしの内部には
意志も意識もない　闇だけが残り
何も感じずに　何も考えず
一瞬と永遠の　間に横たわる

くにさだ きみ

花に似る　イキモノ

花は　目も耳も　鼻さえ持たないイキモノ。
『生存権裁判』の傍聴席にいて
ヒトもまた鋭く　イキモノ　なのに
声も　拍手も
咳ばらいひとつ出来ない　イキモノ　と知った。

法廷にたち　原告のウノさんは　陳述する。
〈内装屋〉や〈タクシードライバー〉をして
40年以上　働きました。
現在は　61歳の独り暮らしです。
脳梗塞で　働けなくなりました。
働けなくても
日本には《平和憲法》があり
健康で文化的な生活が　保障されるはずでした。

なのに——
3年続きで　保護費が削られ
いまは　週2回しか風呂に入れません。
光熱費の節約で　夜は7時に寝ています。
（趣味の　カラオケ　に行けないので）
携帯電話に　録音した
自分の声を　聞いています。

ウノさんは　陳述中　ずっと——
口も　目も
耳も鋭く
裁判長に向けていました。
傍聴席にいて　拍手も咳ばらいもできない
わたくしたちにも　向けていました。

『生存権裁判』の傍聴席にいて
ヒトは　花よりもっと
口を持たない　弱い　イキモノ。

でも　違う。
（ウノさんも　ワタシタチ　ヒトリ　ヒトリ　も）
《憲法　25条》の中味を
健康で　文化的な生活《くらし》を　とりもどしたいと
鋭く
ココロを　尖らせている　低所得者《ニンゲン》。

花に似る

〈反骨〉の　イ　キ　モ　ノ。

鉤

屈強の鉤であった。

その鉤は、
かれが愛車を修理するとき使う
作業台の
厚い天板に打ちこまれていた。

シムラヤエコの招集する
数人の
あの深夜にわたる理事会の席で、
なにが俎上にのせられたのか。

俎の鯉になるには
やわらかすぎて
また過*ぎて、
テツヤは
鮟鱇の末路を選んだのだろうか。

鉤という屈強の
？　のカタチを逆さまに打ちこみ
（天井ではなく）
ロープを
日常の
頻繁に使う作業机に結わえての
縊死であった。

見えない
「精神障害者自立支援施設」の　内側のできごと。
なにが　？
俎上にのり
なにゆえ　？
その夜
自身の　施設長降格が決まったのか　？

——精神障害者「自立」支援施設とは　なにか　？

鮟鱇みたいな　ブョンブョンの　ものは、
（？　のカタチを逆向きに打ち込み）
ナ　ニ　カ　……
ナ　ニ　カ　……
（？　？　？　——）
と

とめどもなく問うてくる。
自らの身を吊るし切りにして……

＊「またい」は「おとなしい」もしくは「やさしい」の意味の方言。
「テツヤはまたすぎたから」と理事のひとりが語っている。

ギターの鼾

ドーンと裸で　ギターは返されてきた。
受けとると
膝とこすれてボローンと鳴るのだ。

ふたつ机を並べただけの
それだけでいっぱいの『いーず』の事務所。
「ギターは
　どこで小さくなっていたのか。」
会ったばかりなのに
馬鹿でかい声で　ボローンと鳴って
膝で眠った。

テツヤさんは　三月ごろ一ヶ月休まれたんでス。
テツヤさんは　精神科の診断書を持って来られたんでス。
テツヤさんは　履歴書に病名を書かれなかったんでス。

テツヤさんは　外向きの仕事ができなかったんでス。
テツヤさんは　……
テツヤさんは　……

語尾の　ス　のところを
キュン　と撥ねあげる理事長さんのことば。
その薄くて紅い唇から
とめどもなくこぼれでる　ス　の数を
ひとつ　ふたつ
と
数えられるだけ　わたしは数えた。

やがて
陽も傾くころ
広くもない『いーず』の事務所に
蚊柱がたつほどにも　ス　の数が舞い
ようやくこれで
テツヤの死因はつきとめた　と
立とうとすると……

驚いた
わたしの膝で
テツヤのギターが鼾をかくのだ。
死んだふりして

裸のまんま。

辞書にはない「自死」というコトバ

「テツヤさんは　自死されました。」
と　シムラヤエコさんはおっしゃる。

あなたの書いた「降格通知」が
五月三十一日
テツヤの郵便受に投げこまれていても、
翌　六月一日が
推定テツヤの自殺した日でも。
自殺ではなくテツヤの「自死」　と
白い歯を　涼しくみせるシムラさん。

きっと
三万人超の　年間自殺者をだし、
そのことに責任をとりたくない厚労省が
新しく　考え出したコトバであろう。

許せない！

辞書にはなくても
自殺を「自死だ」といいはるのなら
わたしも　また
辞書にはなくても　ハッキリ　言おう。

日華事変から　太平洋戦争にかけて
アカガミ一枚で徴兵された　若者たち。
（戦死といったり　戦病死と言ったりしているけれど）
あれは　「戦殺」「戦病殺」だ。

テツヤの自殺が
なぜ　自殺かは――
誰よりも　シムラヤエコが知っている。

辞書にはなくても　母親だったら知っているはず。
「第二次世界大戦」という敗け戦《いくさ》――
あれは　「戦殺」であり「戦病殺」だった。
孤島では――
餓死　という殺されかたが普通だったけれど
だれひとり
「餓殺」などとは　言わなかった。

「自死」も「餓殺」も　字引きにはない。

永山 絹枝（ながやま きぬえ）

命の鼓動に耳傾けて

一話　鍵の外へ

友人が統合失調症を再発し入院中である
「普賢岳が噴火し熱風がサッシから入り込んでとても熱い！」と
幻覚症状を起こし上半身薄着になってうずくまっていた
母親を高齢で亡くし同じ病で社会的入院となっていた兄を
死出の旅に送った直後のことだった

殆どの人はストレスを抱えて生きていて
その人にとって一番の弱点に触れたとき
百人に一人は発症しやすい現代病となっている

「今朝ね　自分でご飯を食べきったとよ
周りの様子も見えてきた
硬直したような　体の震えがあって
声の調子が　大きくなったり小さくなったり
急にパターンと意識がなくなったり…
その間に時間がいっぱい過ぎている
この病気はやっかいよ」

市街から三キロほどはずれた　山の上の三九四床
老人性痴呆疾患病棟、アルコールストレスケア病棟
閉鎖病棟では　二重に鍵が閉まっている
一個一個　ギーと開けてもらって　辿り着く

精神障がい者は社会の流れの暗部に封じ込められてきた

しかし今　彼らにも夜明けが来た
差別や偏見の中に　己自身の生身を投げ出して
「同じ人間であること」を主張し
社会生活への　勇気ある一歩を踏み出した

彼女の退院は目の前
きっとこれまでのように　工房『野の花』に通いなが

ら
ピアカウンセラーの道を目指してくれることだろう

二話　少女が編んだマフラー

彼女には身を守る防壁もなかった
寒さをしのぐ温かい手も
口に入れるパンも奪われてた

秋の風綿種帽子が飛ぶ花壇の隅
張り巡らされた蜘蛛の巣に霞みとられた女の子

自死するしか逃れられなかった
陽のあるほうへと自己主張したけれど
顧みられず、放り投げられたマフラー
じっと耐え
母へのプレゼントを編み続けていたのに…

生きるのだ
生きるのだ
立ち上がれ

立ち上がれ

荒れた学級にしたのは一担任のせいだろうか
映画「告白」でも描かれていた
無力を強いられている教師たちへ
バッシングの雨が降る

学歴社会・数値社会にしたのは誰
彼らのいらつきの標的・えじきとなったのか
「好きな子同士で固まっていないと　みじめなんだ」

冷たくなってきた秋風の中を
飛び去っていった赤いマフラー

涙のない瞳で見つめている
大空の先にあるという
安心して暮らせる平安の大地を

三話　愛する者を誰が！

残された三姉妹の　愛らしくて健気なこと
こんな愛に包まれた家族に　社会の冷風が吹きすさぶ
〝労災自死〟大黒柱である父親がなぎ倒された

五年生のゆいちゃんは菩提に日記をお供えした
お父さん、好きな魚釣りをしていますか
きょうは　お料理をしました　これからも
お父さんと一緒に生きていくつもりでいます
二年生のあかりちゃんのは　ああなんと
子を亡くして涙した野口雨情の詩ではないか
♫シャボン玉　消えた　飛ばずに消えた
　生まれてすぐに壊れて消えた…さようなら…　と♫
一番末っ子のまだ年端のいかない水ちゃんは
悲しみを知ってかしらずか　きゃっきゃっと走りまわる

お母さん　まずはこの子達に食べさせましょう
冷えた体や心には　暖かいご飯が一番
悲しみ暮れてはいられません
きりっとした顔を仏壇に向けましょう
鬱だったそうです　満四四歳にて静かな眠りに…

四話　春の兆し

彼の息子はこの懐手で生きてきた
三八歳　知的障がい
あるとき　道端でズボン半さげして小便を
そこへ通りかかったオバサン
慌てて警察へ通報したそうな
パトカー二台　カメラにパチリと撮りさった
なんとひどい　聴く耳持たずで鉈を振る

だが、春は来るんだ　平等に
そういえば、最近　良いことがあったなあ
かの父親は　頬を緩めて話し始めた
オレのする通りにすればいいと通夜に連れて行った
拍手ものだったよ！、ね　みんな聴いとくれ
仏さんの前で　そりゃリッパに拝んださ
妻の瞳に　キラリと安堵の涙が光ったよ
ときには春早しと冷たい風がいなすけど
ドンマイドンマイ　背筋をのばして歩いてゆこう
太陽に面を向けてね

五話　いのちの重み―夫から妻へ―

もしもおまえが子どもを傍に置いていて
「死にたい」と魔の囁きが聞こえてきたとしても
ぜったい　子どもにだけは手を出していけない

もしも子どもが好きでない瞬間があったとしても
おれが抱き留めるから…
子どもを道連れにしないでおくれ
だがおれが逆に子どもを責めたてる時があれば
お前がぎゅっと聖母のように包み込んでほしい

おかげで子どもは素直に育ってきましたが
妻は妊娠中に云われた言葉がトラウマとなって
精神疾患になったかと思われます
先日たまり場に行って醜いと言われた
行きたくない素振りを見せました
それで一緒にラブラブデイトで参加です

一つの命があるとつながる喜び、広がる喜び
生き合うことの　喜び

六話　信州リンゴ

さくさくじゅじゅ　サクサクジュジュ
ほとばしり出る友情の味覚
枯れきった体細胞に　みずみずしさが染み渡る
信州穂高の赤紫に燻された金塊のごとき一粒
どっしりずっしり　根を張ろうとする逞しさ

籠もりの息子と懐大地を共存しようと
虫媒花のように　飛び去っていった友
母の乳房を惜しげなく開いて
なけなしの退職金をつぎ込んだ
ささやかな日常品を積んだ　ワゴン車
別れの哀しみと再会の喜びを痕跡にして

さくさくじゅじゅ　サクサクジュジュ
かなたの寒冷地より青白い光が
瑞々しいリンゴと化して届く
沢山の大地の滋養を蓄えて
噛みしめる　染み渡る　甘酸っぱさを

髙嶋 英夫（たかしま ひでお）

荒れ地を越えて――希望の明日へ

序詩　二〇一五年の春に

眼の前で春風が暖かく肌をなで
さくら、たんぽぽ、みずき、ももの花
名前を知らぬ草花も咲きほこり
つばめがピチュピチュと鳴いている
春の前線は遠く南から北へ向かい
列島は春にやさしく抱かれていく
春はいのちの季節だ
草や花が蝶や鳥が生きものたちが
この地で生きて行こうと呼びかける
そして　眼の奥では
心のアルバムが　春の風にめくられる

幼き日々　六〇年前のアルバムから

生家の屋根から　海が見える
汽笛が聞こえる
近くの野原で蝶が群れて
庭で蟬が鳴くころには
野菜売りが盛り沢山でやって来る
無農薬の大地で赤くなったトマトを
井戸から引き上げて丸ごとかじる
冷蔵庫もクーラーもない夜に
丸い食卓ですいかを家族が囲んでいる
でも　少年は貧しいとは思わない
蚊帳の中には縁側から蛍がぽおーと
蒸気機関車に乗って博多の街へ着くと
母の実家の近くでもジープが走り
青い目のアメリカの兵隊がいる

七色の煙　五〇年前のアルバムから

夜空に七色の煙が上がっている
虹色に輝く煙が都会のシンボル
煙突の森に近い城山の小学校では
教室の窓を閉め切っていても

目が痛く咳が止まらない
炭鉱のようにカナリアを飼っても
次から　死んでいく
入江の洞海湾では
ヘドロでねずみも浮いている
眠らない工場が火を噴き
煙が街全体を包んでいる
街がクリーンと言われるまでに
どれ程の時間が流れたのか

子キツネがいた日々　三〇年前のアルバムから

月夜の晩になると
河の向こう岸で
キツネが群れて跳ねあがる
河は光って流れて
キツネたちは
すすきの原でじゃれている
上手でも下手の方でも
コーンコーンと声がしたという

桑畑を、河原の葦も
ブルドーザーが壊して
人の住むニュータウンが造られる
夜遅くにタクシーで家に向かうと
キツネの親子が急に前を横切る
その日から子キツネを見なくなって
心のアルバムが色あせてゆく

自由　十五年前のアルバムから

ある会合の席上で
若い女性が挨拶をした
「私はフリーターです
　自由に働き、夢に向かっています」
まわりの終身雇用になれた
中高年たちが息を一瞬止めた
それから　契約社員　派遣労働という
「自由な働き方」が拡がって
非正規労働が三割を超えるとは
正規の半分にも満たない賃金で
あの女性には責任はないのだが

忘れない3・11

ゴーガタガタ、ゴーガタガタ
ああ　何という揺れなのか
地震だ　こんな大地震を知らない
テレビの画面に写しだされる
巨大津波が街を飲み込んでいる
ああ　何ということか
原発が爆発して煙が上がっている
街が住まいが学校が津波に壊され
高い放射性物質で汚されている
風化させてイケナイと自分に言う

それでも原発

低コストで環境にも優しい
絶対に安全だと言って
列島で進めてきた原子力の発電
一〇〇〇年に一度の
大地震と巨大津波で爆発した原発
ふるさとの街には住めない
学校も壊れたままで
家族もバラバラになった人たち
それでも　原発を動かすのか

壊れて穴があいた原子炉から
溶け落ちた燃料を取り出して
作業が終わるまで四十年も
高い放射レベルで働く人たち
子どもたちの健康も
不安が消えないままで
それでも　列島のどこかで
原発を動かそうとするのか

除染の土をビニール袋に入れて
たとえ　地下深く埋めても
数万年後でも危険は消えない
それでも　原発を進めるのか

友達はもう　はなればなれで
教室も今は　誰もいない

ああ　はなれない
はなれられない
福島を守りたいから
と　小学生が思いを訴えても
仮設住宅の無数の声も聞かずに
それでも　原発を動かせるのか

＊「福島から伝えたいこと」（福島県立高等学校教職員組合女性部発行）から引用

夜明けの海

まわりめぐる地球の上で
夜明けをなんど見るのだろう
もしも　暗闇のなかで
夜明けを遠く思うならば
朝の海へ向かって歩こう
空がうっすらと明けて来たら
海が朝焼けで真っ赤に燃えるよ

たとえ　風が強く流れても
海鳥は羽ばたき飛んでいく
たとえ　沖の海が荒れるとも
漁師は網を力で引き上げる
たとえ　荒れ地があっても
耕し続けて種をまく人がいる
もしも　夜明けを待つならば
朝の海へ向かって歩こう
夜明けの海辺には
生きる力が満ちている

私が子どもの頃は、道はデコボコだらけ。粗食を家族が囲んでいた。私が大きくなる頃に、工場から煙が絶えず、テレビや冷蔵庫も入った。私が大人になってから、車を持って、輸入品も買って、海外旅行も夢でなくなった。豊かな生活になる中で、苦しむ人がいた。公害で、失業や非正規労働で、原発災害等々で……。詩が力となれば嬉しい。

山岡 和範（やまおか かずのり）

日本国憲法を生きる

ふるさと

私のふるさとは
瀬戸内海の大崎上島（広島県）
岬と灯台と岩場
白い砂浜がある

そのふるさとへは
いつでも帰れると思っていたが
もう一人では帰れない
老いてしまったのだ

朝漁船がもどってくるころ
港に出てみると
釣ったばかりの魚
踏びはねていた夏の日

今は思い出ばかりの
私のふるさと
私の生まれたふるさとは
大崎上島

お元気ですか

友人の詩誌にはさまれていたカラー写真
　双子の初孫です
　ジジイになりました
とてもジジイによく似ています
今は眠っているけれど
生まれたこの世に
ひとこと言いたい顔です

あたらしい憲法のはなし

昭和二十二年八月二日発行
著作権所有文部省とある
「そこでこんどの憲法では、日本の国が、けっして二度と戦争をしないように、二つのことをきめました。その一つは兵隊も軍艦も飛行機も、およそ戦争をするためのものは、いっさいもたないということです。これを戦争の放棄といいます。」

次のページには絵図がある
壺のかたちをした釜の中に、
軍用機や戦車や大砲などを入れて溶かし
そこから明るいビルディングや
電車や平和な船が出てくるという
ぼくらは学校の先生から
供出させられて大砲や爆弾になった
寺の釣り鐘や銅像やナベやカマも
暮らしの中に戻ってくるのだと
教えられたものだったが

若い友人はこの絵図を見て
「戦争放棄」という袋に
兵器を閉じ込めたのだと言った
壺のかたちは袋のかたちにも見えるので
読みちがえたのだろう
ぼくはそのまちがいを
若い友に教えようとしてふと思った
ほんとうは彼の見方が当っているのではないか

戦後五十年余袋のひもがゆるんで
戦車や軍用機や砲弾などが
警察予備隊・保安隊・自衛隊と名を変えながら
「戦争法」ではみ出しているのが現実だから

「もう一つは、よその国と争いごとがおこったとき、けっして戦争によって、相手をまかして、じぶんのいいぶんをとおそうとしないことをきめたのです。おだやかにそうだんをして、きまりをつけようというのです。」
と「あたらしい憲法のはなし」にはある
さいきんアジアの国々は
この平和の方向に大きく動いたが
日本政府は「戦争法」の具体化をすすめている
今日の新聞は
「侵略美化の教科書合格——教育勅語全文掲載」
と文部省の検定合格を報じた

「あたらしい憲法のはなし」を
文部省がまちがいとした話は聞かないが
「君が代」「日の丸」の押しつけなど
文部省は教育への統制を強め
二十一世紀の教育に背を向けて走っている
文部省も変ったものだ
昭和二十二年八月二日発行
著作権文部省とある
「あたらしい憲法のはなし」を
ぼくはいま改めて読んだ

憲法

ぼくは一九三一年生まれだ
満州事変で生まれ
支那事変は小学校にあがる前
大東亜戦争は小学校四年生
国民学校となって十二月八日は
世界を相手に戦争が始められた
十五年戦争のなかで生まれ育てられた十五年
戦争が終わってからは
新しい「日本国憲法」を生きている
いまその憲法を変えようとする動きがあるが
それはかつての戦争への道だ
孫たちに平和のバトンを渡すために
憲法を生きる
ぼくは一九三一年生まれだ
「日本国憲法」を守る

手放すな

憲法があることも知らず生まれて十五年
神の国の少国民として育ったぼくは
戦争に敗けたのに殺されもせず
爆音のない青空　光る星を見上げていた

神の国にも憲法があることを知ったのは
新しい平和憲法ができてからだったが
憲法は国家権力が国民を縛る法と思って
いつもそのことが気になっていた

朝鮮戦争が始まってまた戦争かと思ったが
新しい平和憲法は国民の人権を守るために
国民が国家権力を縛る法であることを学んだ
平和憲法九条を手放すな！

日陰に咲く

つつましく清涼
日陰に咲く花も
光をもとめて生きる
きょう家の裏に咲いた
ドクダミの白い花

井上優（いのうえ ゆう）

幾つかの抱擁

シオンは初めて　林檎の樹を見ました
手をのばすシオンは　どこか　ひかえめです

2週間に1度　1晩泊まると
電車に乗って　帰らなければなりません
シオンがいない部屋は　灯が消えたようです

それでも　離れて暮らしていても

シオンは　僕にむかって　両手を広げ
手を握り　まだおぼつかない足で立ち
抱擁を求めます

熱い〝言葉〟です

＊

西川口から　みなかみ町に引っ越して
もう3年も前から
淋しくなると　高崎駅に出た
そこで会うのは　街の雑踏ではなく
クリスチャンでホームレスの
ちぎらさんだった

60歳近いであろう　ちぎらさんは18歳

妻の退院の日　僕の職業を認めない親戚のために
妻子と離れて住むことになり　耐え切れず

シオンが産まれた9日から1週間後の15日
出産祝い金を使い　ちぎらさんと
新年会と称して　寿司を食べつつ飲み明かした

僕らは肩寄せあい　抱き締めあい　頬にキスをしあった

＊

その1年後
シオンは　予防接種を受け終わっていないので
　感染症を心配していたのに
高崎駅でベビーカーに乗ったシオンを
まゆみは　ちぎらさんに会わせることを許した

それはまゆみの　ちぎらさんへの厚い抱擁だった

ちぎらさんは　シオンの手を　厚く握りしめてくれた
熱い抱擁にも似て

シオンは　ちぎらさんの瞳を見て
にっこりと笑った

瞳が　人を抱擁すると
そのとき　初めて知った

＊

3ヵ月後
まゆみとシオンが　みなかみで一緒に暮らすように
なり
眠る前に　メロンさんギューを
　毎日のようにするようになった

ちぎらさんは　最近
部屋が欲しいと　言い出してくれた

いつかシオンがもう少し大きくなって
僕ら夫婦も　もう少し大きくなって

ちぎらさんの部屋で
クリスマスに
ちぎらさんと4人で
メロンさんギューをするのが
僕の　ささやかで　大きな夢だ

＊かがくいひろし作・絵本『だるまさんと』に出てくる、だるまさんとメロンさんの抱擁のこと。

＊詩集『厚い手のひら』（コールサック社）より

明日が始まるとき

夕焼けで　街が絵本に色づく頃
オレンジ色の雲は　早足で仕事をしていて
明日を果実にしようと　忙しい

日給七千円で
ワーキング・プアーをやっている僕は
手に夕日で熟れた金貨はないけれど

ふと　夕焼けが運んできた
絵本を手にする
そして
「遠くまで行くんだ」と
君につぶやく

＊

星空がやって来て
やがて宇宙が　呼吸をはじめ
やっとそこで　本当の呼吸が始まる

☆

無重力に解き放たれ
膝を抱えて　月の軌道を
クルクルと回転しながら
メルクリウスの碧い金属の涙を流す
決して凍らない涙

自分の涙のために
舌の剣で　屈辱を組織するのではなく
明日のために
出来ることを探そう

＊

『あの頃は　僕らが夏だった』
そう言える　日々のために

＊詩集『厚い手のひら』より

時代の魚

ぼくが横たえる魚は　船の上で
静かに　静かに　うかんでいる

魚は映すためにある
僕らの表象《シンボル》として

僕があのまだ若い　慈しみの海に
幼く稚い　地球のための
あのまだ若い　慈しみの海に

憧れつつダイヴするとき

太陽は湧き　けぶる
血潮よりもマグマに近く
あの空に帰り・還りたがるから
だから船は血の海に浮かび
僕らは歩く　水の上を

そういう時代だって魚が詩っている

＊詩集『厚い手のひら』より

佐相 憲一（さそう けんいち）

ネットカフェ

総理大臣の月収にはるかに負ける年収の
青年は

話し相手のない
うす暗がりで

何を見ているか

世の中はいちだんと

〈自粛、自粛〉

〈自己責任〉

球場にて

野球を見ていると
ぐるりと埋まった善良な観客が
ふいに
違った文脈に置きかえられる

三万人

この国の児童養護施設で暮らす児童の数だ
親のない子、虐待された子、さまざまに
いまを生きている

球場の三万人
ひとりひとりが

児童養護施設の児童になる

ぼくは知っている
野球選手がボランティア社会活動をしていることを
こどもたちや困難な人たちとふれあっていることを

プロでやれる選手はごくわずか
多くの若者が挫折して
別の労働に移っていく

紙一重の同じ社会のフィールドだ

白熱した試合になると
隣の観客の唾をのむ音まで聞こえそうだ
延長戦になれば名試合を目撃した者同士の親しみがわいてくる

競争社会の中の
ひとときの夢の時間

応援団よ
この国の児童養護施設のひとりひとりに
エールを送ってくれ

フェアプレーする選手たちよ
こどもたちが
勇気の比喩を読むような
いい詩を
グラウンドで見せてくれ

輪っか

買う人〈買えないなあ〉
売る人〈売れないなあ〉
働く人〈苦しいなあ〉
納める人〈払えないなあ〉
買う人〈買えないなあ〉
売る人〈売れないなあ〉
働く人〈苦しいなあ〉
納める人〈払えないなあ〉

なんという輪っか！
目が回るなんてもんじゃない

ニュースに揺れる満員電車
つり革が首つりに見えてきて

駅前カードローン看板タレントが笑っている
リッチライフ、ワンダフルライフ

霞みが好きだと財力の密会に
原子力オトモダチ作戦だってある

踊らされるぐるぐる
さびついた輪っかは追い詰められて

〈あした〉を確定申告できるだろうか

波止場

夜の港に来ています

しぶきが
腹の底に響きます

鳩の公園から
霧の中の汽笛まで

夢ばかりみてきました
もしかすると〈希望〉って
前を向いている時の
後ろ姿
なのかもしれません

昼間の喧騒も
闇の中でしずめられ
高層ビルや百円ショップや携帯メール

もまれて、もがいて、流されて、ぶつかって

そんな中でも
今日、どこかで権利を認められたひとがいて
今日、どこかで結ばれたひとたちがいて

海はつながっています

心の波打ち際から
今夜
各地のひとたちの
後ろ姿へ

この詩を贈ります

ラッシュアワーの駅で聞く人身事故を
ダイヤの乱れと苛立つ社会で
夢をばかにしないで生きるひとびとの
人生の波音を

わたしは大切にしたいのです

文集

反貧困ネットワークぐんま
～その結成までの軌跡～

仲道 宗弘（なかみち むねひろ）

I

２０１２年3月のことである。まだ肌寒い早春の夜、私は前橋の街にいた。街を往く人はほとんどいない。いつもながらの寂れ果てた街の光景が目の前に広がっていた。

いまや多くの地方都市において、このような中心部の空洞化はさほど珍しいことではない。どこの都市でも郊外に大型のショッピングモールやファストフード店・コンビニエンスストア・ファミリーレストランや衣料品の大型チェーン店といった商業施設が立ち並び、その周辺に新興住宅街が広がる。これによって中心部の商店街は壊滅的な打撃を受け、いわゆるシャッター通りと呼ばれる廃墟と化す。こうして日本の風景が均一化し、地域の独自性が失われていくことを、ファストフードにならって「ファスト風土」と呼ぶ識者もいる。今後急速に進む総人口の減少と高齢社会化によって、地方都市から人口が流出していけば、このような郊外に広がるファスト風土も早晩、「ファスト廃墟」化していくかもしれない。いずれにせよ、我々が生きるこの国は、もはや大規模な経済発展が望めないばかりでもなければ、安定しかつ成熟した社会構造を有しているわけでもないようだ。それは、増加する一方の生活保護受給者ひとつを捉えてみても明らかなことである。

私が春寒の前橋の街にいたのには理由がある。その日の午後、私の事務所に「首都圏生活保護支援法律家ネットワーク」の事務局から連絡があった。それによれば、前橋で49歳の男性が生活に窮しており、すぐにでも生活保護を申請したいので、申請に同行してほしいとのことだった。「首都圏生活保護支援法律家ネットワーク」には数年前から所属しているが、群馬県内で名簿登載する法律家は約10名程度、ゆえに個々の負担も大きい。私は閑散とした前橋の街を横目に、その男性（Aさん）の家に向かった。すっかり夜の帳《とばり》が下りていた。

「いくら仕事を探しても見つからないんです。もうどうすることもできません」

Aさんは深いため息をつきながら、伏し目がちに言葉を絞り出す。黄土色の、生気のない顔色には深い苦悩が刻み込まれている。

「もう2日間も何も食べていません」

Aさんは、この前橋の街で生まれ育った。高校を卒業した後に、地元の家具卸売販売会社に就職。持ち前の営業力を発揮して営業成績を伸ばし、要職にも就いて将来には何の不安もないように思えた。それが、約15年前に会社が倒産。安価な海外製品を扱う量販店に対抗できなかったことが大きな要因だった。その後、Aさんは転職を重ねたのち、自営で運転代行業を始める。前橋の街はずいぶん寂れていたが、会社員時代の人脈もあり、数人のドライバーを抱えて、当初は経営も順調だった。

「でも前橋の街は寂れていく一方でした。それにリーマンショックが起きたりして、売り上げが少しずつ落ち込んでいきました。それでも何とか維持していたのですが……」

致命的だったのは東日本大震災と、その後の計画停電だった。ただでさえ寂しい前橋の街の灯が消えて静まり返った時、もはやAさんの事業の継続は困難となっていた。親しい顧客に請われて年内いっぱいは運転代行業を続けたが、それと並行して人材派遣会社に自らを登録し、派遣会社からの連絡を待った。しかし、連絡が来ることはなかった。

年末に事業を廃業し、Aさんは仕事を探し始めるものの、面接を受けても反応は芳しくなかった。ネックとなったのは彼の年齢だった。ハローワークの募集では年齢制限をうたってなくても、実際には全くの門前払いに近い状態で採用を断られ続けたのだった。

3月になると所持金も底をつき始め、自動車も手放したが、それも家賃や公共料金の支払いに消えた。身の回りにあるものをリサイクルショップに売って食いつなごうとしたが、もうそれも残り少なくなっていた、もはや万策尽きたか、と思ったときに、Aさんはぼんやり見ていたテレビで、ちょうど東日本大震災の1年後、被災者以外の全国の方々に向けて開始された「よりそいホットライン」(一般社団法人 社会的包摂サポートセンター主催)の告知を耳にする。

「生活に困っている方ならだれでもお電話下さい、ということでしたので、もう藁にもすがる思いで何度も電話しました。やっとつながったので、私が自分の置かれた状況を説明したところ、『首都圏生活保護支援法律家ネットワーク』の電話番号を教えてもらいました。そしてその紹介で、こうやって先生に今日会うことができました」

すぐさま私はAさんに生活保護の申請をすることを勧め、明日一緒に前橋市役所に行くことを約束した。

「これで今年は何人目だろうか……」

まだ3月半ばだというのに、自らが同行した生活保護申請の数さえ思い出せない。「貧困」の語が、目前に迫りくるような感覚に襲われる毎日であった。

Ⅱ

かつて日本は世界第2位のGDPを誇り、なおかつ「一億総中流」といわれるような所得格差のない平等な国だとされた。今でも日本は豊かな国であると主張し、貧困問題など存在しないとする者もいる。確かに、いまだ世界第3位のGDPを有しているだけでなく、例えば多くの発展途上国に例をみるように、大量の餓死者や浮浪者であふれているという意味での貧困が大規模に存在しているわけではない。

しかしながら、そのような意味における貧困＝「絶対的貧困」が存在しないことをもって、貧困問題が社会に存在しないと考えることは鈍感にすぎる。すなわち、「貧困」概念には「絶対的貧困」と「相対的貧困」の2種類が存在するが、両者は異なる概念である。相対的貧困とは、等価可処分所得（世帯の可処分所得を世帯員数の平方根で割った値）の全国民の中央値の半分に満たない人の割合であり、ある国・地域の中で平均的な生活レベル（獲得収入）よりも著しく低い層の割合を指す。厚生労働省の2012年の調査によると、我が国の等価可処分所得の中央値は244万円で、その半分にあたる122万円未満の人の割合である相対的貧困率は16・1％と過去最悪を記録している。これは、OECD加盟国30か国の中で、メキシコ、トルコ、アメリカに次いで4番目に高い貧困率である。

自らが属する社会において、必要最低限の生活を送る条件すら欠く状況にあることこそが、まさに「貧困」と呼ぶべきであることからすれば、その国の中における相対的な格差を示す「相対的貧困」概念によって貧困の存在を捉える事が妥当であることが分かる。すなわち、世界的にみてGDPの高い「豊かな」国である日本にも貧困が間違いなく存在しているのであり、しかもその層は次第に増加しているのである。

そして、このような貧困問題の存在を示す一端が、増加する一方の生活保護受給者数である。我が国の生活保護受給者数は、2013年1月の時点において215万3642人であり、過去最多を更新し続けている（その後も過去最高を更新し続け、2015

年3月は217万4331人)。私がAさんから相談を受けたこの2012年3月の時点においても210万8096人と、既に210万人を突破していた。最も少なかった1995年の88万人、その後100万人を超えたのが1999年であることからすれば、約10年で2倍強の増加である。しかも、受給者の世帯類型で見た場合、特徴的なのは高齢者、母子、傷病・障害者の各世帯を除いた、「その他の世帯」の増加であり、10年前に比べると4倍以上に増加している。すなわち、私が出会ったAさんのように、稼働年齢層の受給者が目に見えて増加しているということである。

では一体なぜ、このような事態が現代の日本で起きているのだろうか。

その第1の要因は、雇用形態の大きな変化である。すなわち、正規雇用の労働者が大きく減少し、パート、アルバイト、派遣社員、契約社員、嘱託などの非正規雇用が増加したことがあげられる。正規雇用者が1997年以降減少しているのに対し、非正規雇用は1990年代後半より恒常的に増加を続けており、2012年の時点で約1800万人となって、今や労働者の約35%が非正規雇用という状態である。しかも非正規雇用の大多数が年収300万円未満、約半数は年収200万円未満であり、雇用保険加入率も約63パーセントである。つまり、正規雇用がパート、アルバイト等の不安定かつ低賃金の非正規雇用に置き換えられているという図式が成り立っているのである。これは、経済のグローバル化の名の下、大企業を中心としてその国際競争力を高めるために、人件費削減を推し進めたことによって生じた現象である。その結果、正社員のリストラや退職勧奨が大規模に勧められただけでなく、終身雇用を軸とし、企業業績を賃金ばかりでなく福利厚生にも分配した「日本型雇用」が崩壊することとなった。

またこれに並行して、産業界の要請を受ける形で労働法制においても規制が緩和され、労働者派遣の範囲が次々と拡大されていった。特に1999年には派遣可能業務が拡大され（ネガティブリスト方式）、さらに2003年には製造部門での派遣まで認められるようになり、これが低賃金の非正規労働者の増大に拍車をかけることとなったことも留意すべきである。

次に第2の要因として、上記の「日本型雇用」のもとにおいて社会保障制度が未発達であったことがあげられる。すなわち、「日本型雇用」においては、終身雇用が基軸であり、その中での年功賃金によって生活資金が確保できたため、失業や低賃金といった問題に直面することも少なかった。しかも企業の福利厚生（家族手当、社宅の提供など）によって公共的なサービスの不足が補われた部分も大きかったといえる。そのため、社会保障の中心は、高齢者の年金を中心とした社会保険を中心として組み立てられることになり、稼働年齢の現役世代への社会保障は不十分なまま現在に至ったのである。しかしながら既に述べたように、いわゆる「日本型雇用」がすっかり崩壊し、非正規雇用の割合が35％を超えたにもかかわらず、稼働年齢世代に対する社会保障については、いまだに脆弱なままである。そのため、不安定な非正規雇用から失職した結果、拠るべき他の社会保障制度が存在せず、「最後のセーフティネット」であるはずの生活保護制度が、「唯一のセーフティネット」となってしまっている。これが、生活保護受給者が急増している理由であると考えられる。

このように、現代日本の貧困問題は、労働（雇用）形態の不安定化、そして社会保障の脆弱さによって生じたものといえる。労働の不安定化については、単に企業側の要求に沿ったものにすぎず、また社会保障の脆弱さは、かかる制度を整備しなかった国家や、これを明確に要求しなかった社会（国民）一般に責任があるというべきであろう。そうだとすれば、貧困はもっぱら個人の能力や、努力不足によって生じるものではない。すなわち貧困問題は、個人の自己責任の問題に収斂されるべき問題ではないことを、ここで明確に確認しなければならない。

Ⅲ

しかしながら、現代日本に貧困問題が存在することを認めない者がいることも事実のようだ。そう考えることもひとつの立場には違いないが、そうだからといって生活保護を受給することを罪悪であるかのように捉え、受給者について、「働く気もなく遊んでいる」などと根拠もなく主張することはやはり誤りである。そうしたひとつの例が、２０１２年5月頃からマスコミを賑わせた、ある人気タレントの母親が生活保護を受給していたことに端を発する「生活保護バッシング報道」である。

２０１２年5月、テレビなどで人気があるタレントの母親が生活保護を受給していることが明らかになった。マスコミはこの状況を生活保護の不正受給であるかのように報道したばかりか、受給者が過去最多を更新し続けていることや、最低賃金より生活保護費が高いという、いわゆる「逆転現象」が生じている地方自治体が存在すること、そしていかにも不正受給が横行しており、受給者がパチンコに行くなどして、毎日遊び暮らしているかのように、怠け者が社会に害悪を与えているかのごときイメージを連日にわたって垂れ流し続けた。さらに、一部の政治家に至っては、何ら自助努力せず、本来受給を要しない者が受給することで、国家・地方財政が圧迫されるといった口調で危機感をあおり、今後、受給要件を厳格にし、なおかつ生活保護費を引き下げるべきと声高に主張したのである。

だが、報道された事件に限って言えば、扶養能力のあると思われる親族が扶養を尽くさなかったことが倫理的に非難されはしても、生活保護法に明らかに反する不正受給（資産の隠匿など）ではない。また、いかにも不正受給が横行しているという点についても、不正受給に支払われた費用は、保護費全体のわずか0.4%（2010年度）に過ぎない。さらに、生活保護受給者が増加し続けていることやいわゆる「逆転現象」が一部で起きていることはその通りであるが、その原因については既に述べたように労働（雇用）形態の不安定化と社会保障の脆弱さに求められるべきであり、単なる「努力しない怠惰な受給者」が増大しているのではないのである。

この一連の報道とこれによって巻き起こった「生活保護バッシング」は、この国の生活保護制度をはじめとする社会保障制度の在り方を考えるひとつの契機であることには間違いなかった。だが残念なことに、今後の社会保障制度をいかに構築すべきかといった議論が広がることはなかった。本稿の冒頭に紹介したAさんに例を見るように、生活保護受給者が受給に至るまでの過程を少しでも調べれば、彼らがかつてはわれわれ同様、「普通に働いている人」だった事が明らかになる。それにもかかわらず、勤務先の事情や怪我、病気などの様々な理由により、生活保護に頼らざるを得なくなった。それは我々を含め、「普通に働いている人」なら、誰にでも生じる可能性がある事態といえる。

社会保障制度とは、まさにこういった事態が起きた時のために機能する制度全般のことなのである。そうだとすれば、生活保護制度が相当な数の国民にとって「唯一のセーフティネット」と化している現状を踏まえたうえで、それ以外の様々な社会保障制度の在り方や、これをいかに構築すべきかを議論しなければならない。それにもかかわらず、ひとり生活保護制度のみが多分に感情的な批判にさらされ、保護基準を引き下げるなどといった結論によって一部の国民の感情を鎮め、事態を収束せんとするなど、的外れも甚だしい。

２０１２年7月、いまだに続くバッシング報道は、まるで長く続いた梅雨空のように、私の心を重くさせるだけであった。

Ⅳ

こうした心晴れない日々を送っていた私のもとに、「反貧困キャラバン」が実施されるとの知らせが届いた。「反貧困キャラバン」は、２００８年に第1回が開催されてから4年ぶりに、第2回の開催をするとのことであった。前回の開催時も私が群馬の担当者だったことから、今回も担当をお願いしたいという。

確かに4年前、リーマンショックが日本を襲い、全国各地で「派遣切り」が相次いだことを受けて、第1回「反貧困キャラバン」が開催された。全国で2台のキャラバンカーが東日本と西日本をそれぞれ2か月ほどで周り、各地で貧困問題を訴え様々なシンポジウムも開かれた。全国で「反貧困ネットワーク」も結成され、「年越し派遣村」を開催するなど、貧困問題の存在を初めて全国で世に問うたのはこの頃である。私も「反貧困キャラバン」の群馬担当を任されたが、事前の準備不足もあって、単にキャラバンカーで県内を巡回しただけのお粗末な結果となってしまった。

しかし、今回は違う。この4年間で、いったい生活保護の申請に何回同行したことか。4年前にはおぼろげにしか見えなかった貧困問題の実相が、今まさに眼前に迫ってくるがごとき思いである。生活保護受給者数が史上最多を更新し続ける現在こそ、貧困問題を世間に訴える好機なのではないだろうか。例えばわれわれのような法律専門家が、生活保護に関する相談会を開催し、保護申請に同行すれば何人かの生活困窮者が救われるかもしれないが、世間一般に貧困問題の存在とその原因の所在を知らしめるには、それだけでは不十分である。「反貧困キャラバン」のような大規模なイベントの開催、それに加え、職域の枠を超えた幅広い人的な紐帯を作って、貧困問題の存在を広く世に問うことが必要なのである。そう、各地ですでに立ち上げが相次ぐ反貧困ネットワークをこの群馬でも発足させなければならない。「反貧困ネットワークぐんま」の結成である。

こうして、私は「反貧困ネットワークぐんま」の結成に向けて、一歩ずつ動き始めた。
ちょうどこの頃、冒頭で紹介したAさんから連絡があった。

「先生、ご無沙汰しています」

携帯電話機から聞こえるAさんの声は、はじめて出会った時とうって変わり、明るく弾んでいる。実はAさんは、3月に私と会った次の日に、前橋市役所に私とともに出向き、その日のうちに生活保護を申請したのだった。それから2週間後に保護決定および保護費の支給を受け、その後は毎週、天川大島町にあるハローワーク前橋まで自転車で30分かけて通っていたが、なかなか仕事が見つからずにいた。

「その節は本当にお世話になりました。実は、就職が決まったんです」

電話の向こうの声が、少し涙声になっていることが分かった。

「本当に、ありがとうございました」。

その声を聞きながら、生活保護バッシング報道の頃から私の心に重く垂れこめていた雲が晴れていくような感覚を覚えた。正直に告白すると、生活保護受給者が、いつしかその生活にすっかり慣れて無気力になっていくように私も思い込んでいた。それは主として受給者が周囲との人間関係を持てずに孤立した状況にあることによるものであるが、「努力しない怠惰な受給者」像を受け入れざるを得ないのは憂鬱なことである。しかしAさんはそういった生活に慣れてしまうことを怖れ、一刻も早く生活保護から脱出したいと何度となく言っていた。私もそうあってほしいと切に願っていたものだった。それまでも何度か電話で連絡があったものの、なかなか朗報は聞けなかったが、ついに生活保護を脱する足掛かりをつかんだのである。自然と胸が熱くなる思いだった。

われわれ一人ひとりの人間ができることは限られている。だが、人は微力ではあっても、無力ではない。微力な人間たちが力を合わせれば、この社会を変えていくことができるはずなのだ。そのことを信じて、この変容し続ける社会と対峙していきたいと思っている。

（その後、「反貧困ネットワークぐんま」は、2013年4月28日、高崎市総合福祉センターにおける設立記念シンポジウムの場で、正式に設立された。生活保護から脱したAさんは、このシンポジウムにおいて、自身の体験談を話している。会場からAさんに対して、温かい拍手が送られたことを付記しておく）。

「健康で文化的な最低限度の生活」って？

村越 芳美（むらこし よしみ）

憲法二十五条には、「すべて国民は、健康で文化的な最低限度の生活を営む権利を有する」と書かれています。私たち国民は、誰もが、「健康で文化的な最低限度の生活を営む権利」を持っているのです。そして、その権利を保障するために、日本には、「生活保護」という制度があります。

しかし、その生活保護の制度は、本当に、「健康で文化的な最低限度」の生活を保障しているのでしょうか。そもそも、「健康で文化的な生活」とは何なのでしょうか。これまで私が関わってきたケースの中には、「これはおかしいのではないか」と思うケースがいくつもありました。その中でも、私が強くおかしいと思うのは、「原則として車の所有・使用を認めない」という生活保護制度の運用です。ここで、私が関わったケースを二つ、紹介したいと思います。

ケース①―難病を抱えたAさん

生活保護利用中のシングルマザーのAさんは、ちょっとした衝撃で骨が折れてしまうという難病を抱えていました。しかも、一度折れてしまった骨は、くっつかないという病なのです。そのため、Aさんは、毎日、慎重に生活をしていました。医師によれば、車の急ブレーキの衝撃などでも骨折してしまう可能性があるとのことで、「公共交通機関の乗降は著しく困難」であり、Aさんの「移動に関しては、自ら乗用車を利用するほかに術はない」と診断されていました。そのため、Aさんは、日常的に車を利用しながら生活していましたが、福祉事務所の担当者も、「あなたには車を処分しろとはいえない。」などと言ってAさんの車の保有を黙認していました。

しかし、あるとき、担当者が変更すると、新たな担当者は、Aさんに口頭や書面で、車の処分を求めるようになったのです。Aさんは、生活保護が停廃止されるのではないかと不安を抱き、弁護士に相談を持ちかけました。そこで、男性弁護士と私の二人が、Aさんの代理人に就任し、福祉事務所と交渉を行うこととなったのです。

私たちは、そもそもAさんの車には処分価値がないにもかかわらず、売却処分するよう求めること自体誤った指導であること、Aさんの車の所有は厚生労働省の通知等によっても認められるものであることなどを主張し、福祉事務所に対して車の保有を認めるよう求めました。しかし、福祉事務所は、「自動車の保有については原則認められません。」と回答してきたのです。

その後、首都圏生活保護支援法律家ネットワークにおいて、この件の対応について相談したところ、「厚生労働省に情報提供すべき事案であると福祉事務所に強く求めるべきだ」とのご意見をいただきました。そこで、さっそく、福祉事務所に対し、厚生労働省に情報提供して判断を仰ぐよう求めたところ、なんと当初の判断が覆り、Aさんの車の保有が認められたのです。

しかし、その車の用途として認められたのは、「Aさん本人が病院に通院するために使用すること」だけでした。買い物や子どもの通院、子どもの部活動や習い事への送迎のために利用することは、一切認められなかったのです。これが、「健康で文化的な最低限度の生活」なのでしょうか。自分で買い物に行くことも、子どもを病院に連れて行くことも、難病を抱えるAさんは、諦めなければならないのでしょうか。

福祉事務所の判断がなされた後、私たちは、裁判で徹底的に争うことも視野に入れ、Aさんと話し合いました。当然のことですが、Aさんとしても、福祉事務所の判断は、納得の行くものではありませんでした。特に、子どもの通院のために利用することすらできないということには、強い不満を持っていました。しかし、Aさんとしては、子どももいるので、周囲の人に生活保護を利用していることを知られたくない、裁判まではしたくないとのご意見で、結局、裁判は行わないこととなりました。

弁護士の介入により、自動車の保有が容認されたという意味では、一定の成果をあげたケースではありましたが、なんとも言えないやりきれなさが残るケースでした。

ケース②―車を使用して仕事をするBさん

三人の子どもを抱えるBさんは、不動産の調査をする仕事をしながら、生活保護を利用していました。山奥の不動産の調査を依頼されることもよくあるため、仕事をするには車の利用が必要不可欠でした。自分では車を保有していなかったため、仕事に必要なときだけ、近くに住む子ども（独立による世帯分離済み）から車を借りて使用していました。また、近くに住む高齢の母親の援助（買い物や通院など）のためにも、時たま子どもの車を利用していました。

そうしたところ、突然、福祉事務所から、車の使用を禁止する旨の指導指示書が届き、その後、何の連絡もなく保護費の振込が止められたのです。福祉事務所の言い分は、「保護費の支給方法を振込から窓口支給に変更しただけ」というものでしたが、Bさんからしてみれば、これは、死をも頭によぎるような出来事でした。さらに、その後、福祉事務所は、毎週、Bさんに指導指示書や弁明に関する通知を送りつけ、度々、福祉事務所に来るよう求めたのです。しかも、福祉事務所の担当者は、Bさんのいうことには聞く耳を持たず、一方的・高圧的にBさんを責め立てたのです。

この段階で、首都圏生活保護支援法律家ネットワークを通して、Bさんから私のところに相談がありました。Bさんに話を聞いたところ、福祉事務所の対応には、車の使用に関する指導指示だけでなく、Bさんの収入の認定方法にも問題があることが分かりました。Bさんが収入を得るためにかかった経費（電車代、ガソリン代、高速道路利用料など）は、Bさんの勤務する会社から、給与とともに支給されているところ、経費の額は給与明細を見れば明らかであったにもかかわらず、福祉事務所は、会社から支給された経費をも、Bさんの収入として認定していたのです。

私は、福祉事務所に対し、Bさんの車の使用を容認するよう求めるとともに、県知事に対し、収入認定の誤りを指摘して審査請求を申し立てました。

そうしたところ、ようやく、福祉事務所は、「就労時のみ」に限定してではありますが、Bさんの車の使用を認めたのです。

車の使用が認められたとはいえ、Bさんの中にも私の中にも、仕事以外でも、例えば、子どもの通院や送迎、高齢の母親の援助、買い物など、一般的な車の使用を認めるよう求めたい気持ちがありました。そこで、ここれらを求め、裁判で争うか、Bさんと相談をしました。しかし、裁判となれば、長い時間がかかります。また、裁判官がどのような結論を出すかは、正直なところわかりません。そのようなことも踏まえ、結局、このケースについても、裁判まではせず、福祉事務所と争うのはここまでで終わりとすることにしたのです。

終わりに

ここで紹介したケースは、いずれも、一定の条件のもとではありますが、車の所有や使用が認められたケースです。しかし、弁護士などの法律家のもとまで辿り着かず、AさんやBさんのような状況に陥り、福祉事務所の指導指示に従ってしまって車の所有や使用を諦めてしまったケースは山ほどあるのではないかと思います。問題の根底にあるのは、「原則として車の所有・使用を認めない」という福祉事務所・厚生労働省の頑なな姿勢です。このような姿勢自体を、見直さなければならないのではないかと私は思います。

生活保護利用者の車の保有の可否が争われた裁判は、これまでにいくつもあります。生活保護利用者が車の保有を禁止した指示に従わなかったことによりなされた保護廃止処分が取り消された裁判例（福岡地判・平一〇・五・二六判タ九九〇号一五七ページ）や、身体障害を有する生活保護利用者が車の処分指示に従わなかったことによりなされた保護廃止処分及びその後の生活保護申請に対する却下処分が取り消された上、それらの処分が国家賠償法上も違法であるとして約一七二万円の損害賠償の支払が命じられた裁判例（大阪地判・平二五・四・一九判タ一四〇三号九一ページ）などです。ただ、それらの裁判例も、一律に、生活保護利用者の車の保有を認めたわけではありません。

土地柄にもよりますが、特に、私の暮らす群馬県などでは、車がないと生活はとても困難です。駅前であれば、車がなくても生活できるかもしれませんが、少し駅から離れた地域に行けば、自宅からスーパーマーケットに行くのも一苦労です。バスが、一時間に一本も来ないような地域もありますし、そもそもバス停まで行くのも大変な地域もあります。そのような地域で、「健康で文化的な最低限度の生活」をするためには、車はなくてはならないものなのではないか、私はそう思います。

古平 弘樹（こだいら ひろき）

生存権を脅かす貧困・格差の問題と生存権を実現するための取組みについて

第一　生存権を脅かすもの

生存権とは、憲法二十五条一項に定められた、健康で文化的な最低限度の生活を営む権利のことをいう。この最低限度の生活を営むことさえも現在は脅かされて困難な状況になっている。その原因は、貧困と格差の発生・拡大にある。このような状況下、生活保護利用者の置かれている状況は厳しいものとなっている。

第二　貧困と格差について

貧困と格差を発生・拡大させている要因は、実に様々である。まず子どもである段階からすでに格差がある。厚生労働省による国民生活基礎調査で、平均的な所得の半分を下回る世帯で暮らす十八歳未満の子供の割合を示す「子供の貧困率」が、二〇一二年に十六・三％（相対的貧困率は十六・一％）と、過去最悪を更新している（いわゆる子どもの貧困対策法は平成二十六年に施行された）。子どもに収入はないため、主に親の収入によって割り出すものであるが、親の収入いかんによっては、子どもに教育費がかけられない。日本では義務教育の対象外の教育は有償であり、例えば大学に進学する場合は学費の負担がある。日本では奨学金は貸与されるものであることから、奨学金は一種の借金であり、当然のことながら返済の負担がのしかかってくる。そのためアルバイト中心の生活を余儀なくされる学生もいるが、学生であることを尊重されないアルバイト先であるブラックバイトの問題もある。

就職活動をしても、正社員として採用されるとは限らない。総務省統計局の労働力調査（詳細集計）平成二十七年一月～三月期平均（速報）結果によると、役員を除く雇用者に占める非正規の職員・従業員の割合は三十七・七％であり、依然として高い水準にある。このような非正規労働者（契約社員、派遣社員、パート、アルバイトなど）として採用された場合、不安定な雇用、低い労働条件を余儀なくされ、派遣切り、雇止め、ワーキングプアの問題に直面することになる。政府は、派遣法改正案を平成二十七年三月十三日に国会に提出したが、改正案の内容は、事実上永続的に派遣を使用することを許容するものとなっている。非正規労働者の中には賃金が最低賃金に据え置かれている者も存在するが、平成二十六年度地域別最低賃金は、全国加重平均額については七百八十円、群馬県については七百二十一円しかなく、生活できる十分な水準とは言い難いものである。このように、非正規労働者の問題は深刻である。

就職活動の結果、正社員として採用された場合であっても、長時間労働、残業代不払い、最悪の場合は過労死するなど、ブラック企業の問題がある（いわゆる過労死等防止対策推進法は平成二十六年に施行された）。政府は、労働基準法の労働時間規制の適用除外や裁量労働制の規制緩和等を定めた、いわゆる残業代ゼロ法案を、平成二十七年四月三日に国会に提出したが、このような法案では長時間労働が抑制されることにはならず、心身の健康が損なわれるなどの弊害のおそれの高いものとなっている。

就業ができなくなった場合、雇用保険、求職者支援制度があるものの、要件を満たさない場合や、このような制度にたどり着かない場合、最後のセーフティネットとして生活保護制度がある（生活保護に至る前の段階の生活困窮者を支援するための生活困窮者自立支援法は平成二十七年四月に施行された）。しかし、実際上は生活保護の利用の申請さえ受け付けない水際作戦等が横行するなど、生活保護の利用に至るまでが非常に困難な状況である。そしてなんとか利用に至ったとしても、生活保護による給付が生活に十分な水準とは言い難い。その上政府は、平成二十五年から二十七年にかけて三段階に分けて生活扶助費を削減し、総額六百七十億円もの予算を削減する。生活保護基準の引下げは住民税の非課税基準、就学援助制度等にも影響する問題であり、生活保護利用者だけの問題ではない。

さらには、社会保障制度改革推進法の自助・共助・公助の考え方のうち、自助を強調する考え方に基づき、改正生活保護法が平成二十六年に施行されたほか、いわゆる医療介護総合確保推進法が平成二十七年に施行され、高度急性期の病床数を削減したり、要介護二以下の場合は特養への入居を原則できなくしたりするなど、医療・介護の分野の社会保障が切り捨てられている。また、高齢者については、平成二十七年四月から年金の支給額が削減される。

このように、私たちの生活する世の中は誰もが安心して暮らせる社会とは言い難く、そこに辿り着くまでに様々な障害を乗り越える必要がある。このような多重障害の克服が課題となっている。

以上のような社会保障を実施していくための財源は、社会保険料のほかに、税金によって賄われている。税金には所得の再分配の機能があるといわれているが、これは機能しているとは言い難い。累進性のある所得税の最高税率は、富裕層に対して、かつては七十五％であったが、四十％にまで下げられている（平成二十七年分以降は四十五％）。法人税に関しては、最高税率は二十五・五％（平成二十七年四月一日以後に開始する事業年度からは二十三・九％）であり、これ自体所得税よりも低い税率である上、実質的な負担率はこれよりも極めて低い大企業も存在する。逆進性のある消費税については、五％から八％に引き上げられ、さらに十％に引き上げられようとしており、低所得者にとってはかなりの負担となっている。他方で輸出企業は、消費税の輸出還付金を国から受け取ることができ、輸出企業の決して少なくない収入源の一つとなっている。そして輸出企業は下請企業に対して交渉力が高いことを背景に仕入代金の値下げの圧力をかけることは容易であり、実質的に仕入段階での消費税の負担をしない状態を作り出すこともできてしまう。日本でも一大ブームとなった「21世紀の資本」を著したトマ・ピケティは、日本の消費税に当たる付加価値税を世界で最初に導入したフランスが付加価値税を導入した理由について、輸出企業に対する援助が目的であったと答えたそうである。そのほか、タックスヘイブンの問題については日本のみならず世界的に取り組んでいく必要がある。公正な税制の構築が不可欠である。

このように貧困と格差はますます拡大していく状況にあるが、このような状況下で暮らしている群馬県内の生活保護利用者について、次は見ていくことにする。

第三　群馬県内の生活保護利用者の状況について

一　群馬県の人口・世帯数

群馬県の人口は、百九十七万六百八十五人であり、世帯数は、七十八万千三百四十二世帯（平成二十七年

四月一日現在）である（群馬県企画部統計課、「移動人口調査（四月）―平成二十七年四月二十四日公表」。

二　群馬県内の生活保護概況

（一）県内の生活保護状況（平成二十五年度）

被保護者（年度平均）は一四、三五六人、被保護世帯は（年度平均）一一、二〇二世帯であり、保護率（年度平均）は〇・七二％となっている。

（二）世帯類型別被保護世帯数（平成二十五年度）（月平均）

高齢者世帯は五、三八九世帯（四十八・四％）、傷病者世帯は二、一八六世帯（十九・六％）、障害者世帯は一、二九九世帯（十一・七％）、母子世帯は四八六世帯（四・四％）、その他世帯は一、七六五世帯（十五・九％）であり、合計一一、一二五世帯（保護停止中を除く）である（群馬県健康福祉部健康福祉課、「群馬県内の生活保護概況」）。

三　生活保護の窓口

市部（十二の市）については、各市に一つずつ福祉事務所がある。

町村部（二十三の町村）については、五つの福祉事務所（中部福祉事務所、富岡保健福祉事務所、吾妻保健福祉事務所、利根沼田保健福祉事務所、館林保健福祉事務所）がある。

群馬県内での生活保護利用者は以上のような状況にあるが、全国的に行われた生活保護基準引下げに対しては、次のような取組みをしている。

四　生活保護基準引下げに対する群馬県内の取組みについて

群馬弁護士会の労働・社会保障問題対策委員会の委員の有志、反貧困ネットワークぐんまの会員の有志が、まずは生活保護基準引下げについての審査請求の代理人となって平成二十五年九月に審査請求を行った。

そして提訴に向けて弁護団を結成し、平成二十六年九月、群馬県内の十名（その後一名死亡）が原告となり、生活保護基準引下げは違憲・違法であるとして、群馬県内の五市に対しては処分取消を、国に対しては国家賠償を求めて、前橋地方裁判所に提訴した。

平成二十七年三月には、この裁判を支援する組織として、群馬県内の様々な団体の構成員が集結して「生存権を守るぐんまの会」を結成した。

貧困と格差を解消して生存権を実現するため、まず小さな一歩を踏み出した。

前塚 博之（まえづか ひろゆき）

ぼくの体験から

時として人生には予見しえない事態が訪れる。人は翻弄されて抗い得ない。運命という理不尽な力に弄ばれ人生は容易く狂わされてしまう。ある日突然ぼくの人生は180度変わってしまった。

最初に鬱病だと診断されたのは36歳の時だった。当時、世の中は不況で、正社員での雇用を探しては応募、探しては応募を繰り返してはいたけれども、一社にも採用してもらうことはできず、郵便局で郵便配達のアルバイトをして生計を立てていた。確かに当時も睡眠時間は不規則だったけれどもちゃんと働くこともできていたし、忙しい仕事にも充実感を感じていた。

日曜日だけが休みで、街中の郵便局が休みの土曜日にも配達業務はある。雨が降ろうとも、風が吹き荒れようとも仕事はある。ゲリラ豪雨の降る日には携帯電話が雨に濡れてしまい壊れてしまうこともあった。暑い日には意識が朦朧となりながら配達することもあった。真冬でも郵便物を重なったまま投函することがないように手袋などをつけて仕事をすることはできなかった。郵便配達は見た目よりも遥かにハードな仕事だった。

最初に症状が出たのは円形脱毛症だった。左耳の後ろあたりに直径4センチくらいのハゲができていた。驚いたけれども内科の診療所で相談できるわけでもないし、眼科や耳鼻科でもないしどこに行けばいいのか見当もつかず、様子を見ていた。

郵便局の健康診断の際に「円形脱毛症ができたんですが、何科で診てもらったらいいんですか？」と尋ねたところ「皮膚科を受診してください。」と言われ、皮膚科に通院することにした。

これまで皮膚科は受信したことがなく、皮膚科という診療科目があることさえ念頭にはなかった。飲み薬やリキッドタイプの塗り薬を処方され、半年ほど通院したが症状は進むばかりで改善されることはなかった。

さらに症状が進み、寝付きが悪くなり、寝付けても数時間で目が覚めてしまうようになった。円形脱毛症も広がり、直径15センチくらいにまで広がっていた。通院しながら仕事も続けていたが、症状の改善は見られなかった。

それからしばらくして友人の勧めで心療内科に通うことにした。内科の診療所に通った経験しかないため診療内科という診療科目があることすら当時は知らなかった。

睡眠薬や安定剤を処方され、「安静にすること」という趣旨の指示書を渡され仕事を休むことになった。アルバイトとはいえ公務員なので有給休暇があるため生活に困ることはなかった。

薬が効いて眠れるようにもなった。最初は2週間の休暇の指示だったが、それが過ぎるとさらに2週間の休暇を指示された。労災扱いにしてくれたので保険が支給されたので暮らしていくことはできた。

薬があれば眠れるが、薬がないと寝付けないためさらに1ヶ月間休養するように指示された。2ヶ月間休養したところで、「仕事からくるストレスが原因だから続けていたらいつまでも治らない。この仕事を辞めよう」と決意した。

上司に退職したい旨を伝え、有給休暇を全て消化して退職した。自己都合退職とはされなかったため失業保険は3ヶ月の待機期間を待つことなく支給された。

失業保険が支給されているうちに次の仕事を見つけておく必要があった。郵便配達は接客業であり、お客さん相手の仕事である。仕事を変わるなら接客業以外に就きたいと思っていた。

派遣会社からの紹介で工場での作業の仕事を見つけることができた。隣の県でかなりの遠距離であったため片道2時間半かかった。始業時間の1時間前から出勤して機械を動かして温めたり、職場を清掃したり、勤務態度も真面目であったため、上司や先輩たちからは可愛がってもらえた。遠いことを除けばとても働きやすいいい職場だった。

しかし会社が赤字決算になってしまった。新しく入った20名に辞めてもらうことが決まり、その中に自分も含まれてしまった。長期契約だったのにわずか2ヶ月間だけの仕事となってしまった。

急な退職になったが、別の派遣会社から3ヶ月間の期限付きだが仕事を紹介してもらうことができた。

3ヶ月はあっと言う間に過ぎてしまった。次にまた派遣会社から仕事を紹介してもらうことになった。しかし、この職場がよくなかった。

コイルを金型にセットしてネジで固定し次の行程にまわす。次の行程では金型に樹脂が流し込まれる。樹脂が固まるとこちらにまわされ、金型からネジを外してコイルを取り出す。その金型にまたコイルをセットする。その繰り返しだった。金型はとても熱く焼けており、手や腹にたくさんの火傷ができた。焼けたものを扱うため室温も高くなりまるでサウナのようだった。食欲はなくなり、水分しか摂れなくなってしまった。職場環境だけでなく、人間関係もすこぶる悪かった。いきなり体調を崩してしまった。眠りが浅いだけでなく、食欲不振で1ヶ月でおよそ15キロ体重が落ちてしまった。痩せ衰え、衰弱し、働くこともできなくなってしまった。もはや辞めざるを得なくなってしまった。

やがて、貯金も底を尽き、次の仕事を探す元気も気力も尽きてしまい、もはや生きていくのは無理だと覚悟を決めた。

父に「お父さん、もう体力もお金もなくなってしまいました。もう生きていくのは難しいです。これまでお世話になりました。ありがとうございました。」と遺書のつもりでメールを送った。年金生活の親に助けを請うことなどできるわけもなかった。

すると父から「近くの共産党の生健会（生活と健康を守る会）に相談してみなさい。」と指示された。「生健会というのがどんなのかもわからないが、そんなところに相談したところで一体なんになるのか」と思った。しかし拘束されているわけでもない自由な身なので言われたとおりにしてみることにした。

地図で調べてみると、歩いても10分かかるかかからないかのところにこの地区の府会議員さんの事務所があることがわかった。電話をかけてみると「すぐにいらっしゃい。」と言って下さった。

府会議員さんの事務所を訪ねてみると、事務所長さんはとても親身になって話を聞いてくれた。

「よく今まで頑張ってこられましたね。生活保護の申請をしてみましょう。頑張って働いて税金を払ってこられたんですから、体を壊してしまって生活保護を受けることは恥ずかしくありません。法律で定められた当然の権利ですよ。」と言ってくれた。涙が出そうだった。

そして一緒に区役所の福祉課に行ってくれた。

担当の職員から生活保護申請に必要な書類をもらい、説明を受けて帰った。

病気を抱えた身で書類を準備するのも易しいことではなかった。父親のもとに訪ねて行き、「親には経済的に息子を援助することはできない」という書類に記入してもらった。マンションの管理会社には家賃の金額を証明する書類を郵送して記入捺印してもらった。生命保険は財産と見なされるそうで保険会社まで訪ねて行って解約手続きをした。預金通帳のコピーも取った。数日かけて全ての書類を準備して提出した。ケースワーカーが自宅を訪問してきた。「生活保護で生きていくにはかなりの覚悟が必要ですよ」と言われた。様々な手続きを経て生活保護を受給することになった。

生活保護は生活困難者を救済するための制度である。しかし、あくまでも最低限の生活を送るためのものであってゆとりなど全くない。毎月毎月暮らしはとても苦しい。元気に働けた頃の収入の半分も支給されてはいない。かなり厳しい生活を余儀なくされている。貧困からかなりストレスを受けている。友達もいなくなってしまった。今は通院しながら障害者の作業所に通って内職を毎日している。早く回復して社会復帰して、お金に困らない暮らしに戻りたいと切に願う。

ある日突然発症した病気でぼくの生活の全てが一変してしまった。まったく思いがけなかったことである。世の中には同様の辛い体験をなさっている方は沢山おられることと思う。自死を選んだりする前に今一度自治体に相談してみて欲しい。力になってくれるはずである。生存権は憲法で保障されている権利である。

ぼくのようなケースは決して珍しいことではなく誰にでも起こり得ることである。このようなこともあるのだと知っていただき、生活に困難を感じている人間が社会の片隅に確かに存在しているのだと知っていただけたなら幸いである。

北嶋 節子（きたじま せつこ）

不透明な街角

『命に関わる』渋谷炊き出し決行…公園使えず歩道脇で—善意の輪は広がる」

これは二〇一四年の暮れも押し迫った十二月二十九日の東京新聞に掲載されたコラムのひとつである。格差社会を象徴する何ともやりきれない衝撃的な内容で、否応もなくわたしの眼を釘付けにした。

幼い頃、父は赤いビロードの服をわたしに着せ、横浜の繁華街をよく連れて歩いた。明るい陽だまりの街を歩くとスパンコールの胸飾りが陽を受けてきらっと光り、店のショーウインドウに映っている自分の姿を見ては、はしゃいでいたのをぼんやりと覚えている。その頃は桜木町駅や横浜駅は賑やかだったが、街角には靴磨きの人や手伝いの少年たちがいて、声を張り上げ必死に客寄せをしていた。わたしにはそれがとてももの珍しく何度も振り返っては眺めていた。

「ねえおじさん、靴を磨かしておくれよう！」

「たのむからさあ！ぴかぴかにしてやるよ」

少年は靴墨で汚れた顔をくしゃくしゃに歪めながら、切ない声をあげていた。その悲しそうな叫び声にわたしは何度も父親に尋ねた。

「ねえ、お父さん、どうしてあの子たち泣いているの？お腹がすいているの？」

なかには、近くの大人の人にどやされて蹴飛ばされて泣きじゃくっている少年もいた。

「さっさと客を連れてこねえか！怠け者」

可哀想だから靴を磨かせてあげてと父に言いたかったが、怖くて言えなかったのを鮮明に覚えている。

その頃の街角にはいろいろな人たちが立っていた。他にも物売りの人がいたのかもしれないが、余り記憶にない。その中で忘れられない光景がある。

アコーディオンを弾いて軍歌を歌いながら、立っている兵隊さんたちの一団があった。その傍で、手や足のない兵隊さんたちが俯いてうずくまったまま物乞いをしていた。その痛々しい姿は、幼かったわたしに怖ろしい罪悪感を植えつけた。戦争で失った手や足なのだから、自分が自責の念に駆られることなどないはずなのに、傍でずっと手をつないでくれていた父がわたしの耳元で囁いても震えがひどく止まらなかった。

「怖がることはない。戦争中に爆弾で吹き飛ばされて手や足をなくした人たちなのだから可哀想だが、傷痍軍人として国からお金が下りているはずなのだ、あんな事しなくても生きていけるはずなのに……」

父はこのとき一人言のつもりでつぶやいていたのかもしれない。三つか四つでしかなかったわたしにはその言葉の意味も父親の真意も理解できるはずもないのであった。

「あの人たちはどうしてここにいるの？」

「どうして病院に行かないの？」

わたしの必死の問いに頷いて押し黙った父親の顔が暗く寂しく沈んでいくのを感じて、わたしはだんだんそういう場面にあっても何も言わずに眼を瞑って素通りするようになった。その人たちに遭遇することはいけないことのような気がして、なるべく遠回りをするようにもなったのである。

それから二十年後、わたしは横浜で小学校の教師になった。毎日が子どもたちの活動や授業の準備で多忙になり、子どものノートやプリント類を抱えて学校へ向かう日々が多くなった。

教師になって横浜駅や桜木町駅を通ると、橋の下や地下道に野宿者がたまり場をつくり、夜になると近づくのが怖いような場所が眼につくようになった。華やかなネオンが燦めく都会のはずの横浜の街がどす黒い汚点を隠し持っているような、はっきりしない不透明な街に様変わりしたようにわたしには見えた。

荷物をはち切れんばかりにカートに詰めて、疲れた足取りで移動する野宿者の人たち。橋や高速道路のガード下に段ボールや廃材、ブルーシートで小屋を建て、寝起きしている人たち。地下道の隅に段ボールの板を置き、毛布にくるまって着の身着のままで眠りこんでいる人たち……。

「働かないからああなるのだ……いくらでも仕事があ

るのに、働かない怠け者だ……」

そういう言葉を平然と投げつけていた多くの人たちの言葉を何の疑問も感じないで信じていた自分が恥ずかしい……そう思い至ったのは、やはり一九八三年に起こった「横浜浮浪者（野宿者またはホームレス）殺傷事件」を知ってからである。（浮浪者という差別的な言葉を避けるために、ここでは野宿者または路上生活者と呼びたいと思う。）

今は『ホームレス問題の授業づくり全国ネット』もルポライターの北村年子さんたちが中心になり始められていて、詳しい少年たちの裁判の実態や野宿者を学校に呼んで、子どもたちに学んでもらうという場が以前よりずっと多くでき始めている。野宿者に関わることで、無関係な行きずりの野宿者が貧困で苦しむ愛すべき隣人として、子どもたちにも認知されるのではないだろうか。

現に地域住民からも隣人として親しまれた例がある。『ホームレス襲撃事件と子どもたち』（北村年子著・二〇〇九年太郎次郎者エディタス刊）のなかに通学中の子どもたちや近所の人たちと親しく挨拶を交わし合う野宿者が登場している。

「住み込みで働いていたのに会社が倒産して、同時に住む場所も失った。仕事があればやり直せると思ったが、不景気でまったく仕事がない。日雇いのきつい仕事をやり、身体をこわしたのだけれど、病院にも行けずにいる」という野宿者たちの悲痛な声を聴くことで、単に「努力が足りない」とか「甘えている」、「そうなったのは自身の人生の間違った方針のせいだ」という自己責任論で片づけてしまわない認識も生まれてくるのではないだろうか。

「公園や駅の地下道から野宿者を閉め出すのなら、そういう人たちが行ける場として無料の簡易宿泊所をつくるべきだ」

「生活保護だって親身に考えてくれる人がいなかったら役所にも行けない。気持ちが萎えてしまう」など。毎日の食を空き缶拾いや段ボール集めで食いつなげている実態を多くの人に知って欲しいと思っている。

二〇一四年、十二月二十九日付の東京新聞の記事は次のような内容であった。

「年末年始の貧困者への炊き出しをさせないことを目的に、東京都渋谷区が区立宮下公園など三公園を閉鎖した問題に絡み、支援団体は二九日、同公園に隣接する歩道脇のスペースで炊き出しを始めた。

団体側は二十六日に区へ公園の利用申請を出したが、『（一月三日まで）共用を停止しているため』との理由で許可されなかった。メンバーらは歩道脇での炊き出しに『行くところがどこにもなかった。命に関わるため、やむを得なかった』と説明している。区側とのトラブルはなかった。この日はホームレスの人たちやボランティアら計約百人が集まり、区内の青果店からもらったタマネギやニンジンを刻み、カレーを作って食べた、野宿者の男性は、わんから立ち上がる湯気を顔で受けながら一気に食べ『今の時期、温かいものを食べられるだけで本当に幸せだ』という笑みを浮かべた。主催した『渋谷越年・越冬闘争実行委員会』のメンバーによると、新聞やネットを通して公園閉鎖を知った人たちが何人も、使い捨てカイロや調味料などを差し入れに来てくれたという……以下略」

横浜のホームレス襲撃事件が起こってから既に三十数年もたつ。それまでに幾度か「越年・越冬炊き出し」が「支援センター」が中心となり全国で行われるようになったが、政府の貧困者に対する冷たい非道な仕打ちは、多くの人たちの善意が広がれば広がるほど格差社会の膨張に伴って、より鮮明につつき出されてきているのではないか。政治の大きな枠組みのなかで押し込まれ、喘いでいる人たちに人間として生きていける生活をどう保障するのかが、これからの政治の大きな課題であることは間違いがないだろうと思える。

憲法に保障されている生存権が格差社会のなかで、限られた人たちのためにだけあるという現実を緊急に是正する必要があろう。また憲法九条の会のイベント締めだしや広島、長崎の修学旅行の見直しなどは弱い市民を切り捨てていこうとする行政のあり方と連動していると言っても過言ではない。

とりわけ寒さが厳しいなか、飢えを凌ぎ、寒さに震えながら過ごさなければならない人たちの悲鳴を、怒りを……今こそ多くの人たちに届けたいと思う。

浅見 洋子（あさみ ようこ）

もぎ取られた青春《いのちたち》

活字となって羽ばたくことのできなかった原稿を手元に引き寄せ、独り咽び泣いております。

『医療難民～泣いてなんかいられない～』と題したA四袋とじ三十字×十七行百六十七頁の原稿は、平成十四年七月三十一日、さいたま県立越谷総合技術高等学校の柔道部の夏季合宿に参加した十六歳の少女斉野平いずみさんが、立ち技乱取りの練習で、初段の指導教諭から体落しで投げられ植物状態となった事故の裁判経緯と医療体制の実態を、母弘子さんがブログに書き続けていたものをプリントアウトし、本に出来ないものかと私のところに郵送してきました。

そこには「何故、娘がこのような大怪我をしなければならなかったのか」を知りたいという思いが切々と綴られていました。

学校内や学校行事などで起きた事故について、保護者がその原因を知りたいと願い、学校に日参し説明を求めても納得いく結果が得られないのが大方の実情です。「何故、どうしてわが子が…」この一念を貫くためには、裁判に訴え原因の究明をするという手段しかないのです。否、裁判でも原因が明らかにされることは期待できないのが、昨今の官僚体質化した学校運営や司法体制の実態でもあるのです。

植物状態のいずみさんには回復が見込めません。十六歳のいずみさんのように若くして全介護状態の患者を受け入れる病院や施設は中々見つからないのです。

厚生省の定めた法律によると「回復の見込みのない患者への医療点数は極めて低く、三ヶ月を過ぎると極端に低くなる」そうです。そこで、幾つかの病院が連携し患者の転院先を巡回させるシステムが暗黙の内に行われています。

病状に即した医療を受けることなど望めません。

平成二十年、事故から六年経ったいずみさんの頭皮から膿が出てくるようになり、再び手術を受けなければなりません。治療のために移転病院の変更を希望しましたが、この時点で、いずみさんは巡回システムから外され、次の受け入れ先病院を探すために多大な時間と労力が強いられました。

裁判について「行政を相手にする裁判は、途方もなく大変なことです。」と弘子さんは言います。

「タクシーやトラックの運転手が、信号を無視して歩行者を跳ねてしまったら、厳罰が科せられます。当然解雇もあるのが一般社会の常識です。ところが、学校災害での裁判は違います。『とにかく逃げろ！』と、何処からか指示が出されるのです。『あとは、こちらで何とかしてやるから』と、税金をつかって罪を犯した人間を守るのです。その罪を犯した人間は、何食わぬ顔で、我関せずとばかり、変わらぬ日常生活を送ることが出来るのです。」と、赤裸々に書き綴っています。

母弘子さんは裁判への理解と協力を求め、また医療体制の矛盾や実態を伝えたいと、その日の出来事や思いといずみさんの病状を毎夜ブログに書き続けました。

ブログの印刷原稿受け取った私は、一言一句同じようにパソコンに打ち込み、事故の状況が理解され易い様に文章を入換え、重複した文章を削除するなどして監修を終え、具体的な地名、固有名詞を正確に思い出し、書き加えていただこうと出版準備のできた原稿を斉野平弘子さんにお送りしたのですが、そのまま断ち切れとなってしまいました。

後で知ったのですが、裁判を支え続けたお祖母さんが裁判終結と時を経ずして体調を崩され、看病に当った弘子さんまでもが、病に臥してしまったのでした。

病人を抱え生活する家族の頑張りとは裏腹に、大きな負担が家族の健康を蝕んでいたのです。

柔道部の夏季合宿に行くいずみさんを見送った平成十四年七月三十一日、母弘子さんが、愛娘いずみさんの元気な姿を見る最後となってしまいました。いずみさんの事故を知らせる一本の電話が、斉野平の家から平凡な日常生活を奪い、二人の兄の生活や人生までも狂わせ、両親からは、娘の成長を楽しみに働き生きる張り合いを奪ってしまったのです。

「田畑売って、残ったのは、言葉を失った息子だけだ。」と呻くように呟いた父親の言葉。

「息子《このこ》が起き上がれなくなって、今日で二十三年三ヶ月と五日です。」と淀みない声で教えくれた母の言葉。

十八年前、岩手県の小野寺さん宅をお訪ねした時、ご両親が最初に口にされたこの言葉の衝撃は、耳鳴りのように、今も私の耳の奥を刺激し続けています。

一九七三年、岩手県国立一関工業高等専門学校の課外活動の柔道で、教官から投げられ意識不明となり植物状態となった事故から早四十一年、その後も学校事故は後を絶ちません。

柔道事故で植物状態になった児童生徒、熱中症やラグビー事故、プール事故で命を奪われた児童生徒数は、子ども数の減少とは裏腹に年間事故件数二百万件と高止まり状態が続いています。そして昨今では、いじめによる死亡数が右上がりとなっています。

一九九一年四月二三日　事故は起きた
白河私立白河中央　中学一年　吾妻和光
当時一二歳は　体育の授業中に　失神し
救急車で白河厚生総合病院に　運ばれた
学校から連絡を受け　白河厚生総合病院に
駆けつけた両親　和光の皮膚は青黒く全身に
チアノーゼが認められ　危篤状態にあった
医師らの救命措置も虚しく　意識のもどらぬまま
四月二七日午後九時八分和光は死亡を確認された

——中略——

息子和光の死を　受け止めきれぬままに
時間だけが過ぎていく　学校側からは
事故原因の説明はない……
母敏枝　父和博は　息子の死の真相を知りたいと
県教育委員会に　市教育委員会に
事故報告の　問い合わせをした
法務省人権擁護相談所に　警察に
家庭裁判所に　相談に行った
白河の　郡山の弁護士に　相談に行った
だが　どこも　だれも　事故の事実を
明らかにするための　力になろうとはしない
母敏枝は　父和博は　思いあぐねたすえ
住み慣れた土地を離れ　和光の思いでのつまった
家を後にし　事故の真相さがしにと

行脚の生活に　踏みだした
夫婦は　子どもたちを気遣い
負担がかからぬよう　話を聞き歩いた
生徒四二人のうち　四〇人の生徒から話が聞けた

——中略——

両親には事故の様子が　おぼろげに伝わってきた
父和博に　母敏枝に　やりきれぬ疑問がおこった
学校は本当に　調査をしたのだろうか
教師らは　生徒たちは　吾妻和光一年生の死を
知らされたのだろうか　かたくなに
口を閉ざし　事実をあかそうとしない学校

（詩集『もぎ取られた青春』より抜粋）

保護者は、学校を安全で安心な場所と信じ、毎朝、元気に登校する我が子を見送ります。時に、成長した我が子の後姿に目を細め、暫しその場に立ち尽くしたこともあるでしょう。この当たり前の日常が、一本の電話で覆される現実があるのです。

裁判を通して見える学校とは、児童生徒だけにとどまらず、教職員の人権までもが侵害されている場なのです。教育の場に本来有るべき学ぶ権利も人権も、否、生存権すら踏み躙られているのが昨今の教育現場です。

児童生徒の事故死や自死が続く中、各地方では第三者調査委員会が設置され、事故の原因究明が成されようとしています。ですが、児童生徒に学校生活で安全で安心な生活環境を保障する抜本的対策は講じられていません。本来の教育が目差すところを再確認し、そのために必要とされる幾多の条件整備とその財政的裏付けの保障こそが、行政の担う役割だと信じます。

社会人としての人間教育を担う学校で、我が子の命が奪われ、踏み躙られた人権回復を求める裁判で、家族の人権をも踏みつけられる実態を直視し、これからも学校生活の安全と安心について働きかけを続けます。

斉野平いずみさん（平成二十五年九月二十七日永眠享年二十七歳）の命の証を伝える「翼を持たない原稿」を確りと胸に抱きしめ、数多くもぎ取られた青春《いのちたち》の冥福をお祈りします。

合掌

玉城 郁恵（たまき いくえ）

一デナリオンの約束

ある家の主人は、
ぶどう園の労働者を雇うために
広場に出かけた。

主人は夜明けに最初の労働者たちを送り、
つづけて、
九時に十二時、三時にも行って
おなじように労働者を送る。
誰も仕事にあぶれてはいけないように。

五時ごろに行くと
広場には
ずっとずっと一日中立っている人々がいた

「誰も雇ってくれないのです」

悲しそうに主人にそう言うのであった。
主人は彼らもぶどう園に送る。

夕方、
監督が賃金を払う時が来たのだが、
不平を言う者がいる。

「えっ、どうして
夜明けから働いたオレたちより
最後に来たあいつらが先に
賃金を早く貰うんだろう？」

「あいつらは、一デナリオン（五千円相当）貰ってる。
オレたちはもっともらえるんじゃないかな」

それでも、みんな等しく
一デナリオンを受け取った。

「ご主人さま、オレたちは、暑いなか、
どんなにいっしょうけんめい

働いたと思っているんですか。
最後に働いたこの連中と、
賃金をいっしょにしないでくださいよ」

「そうです、ご主人さま、不公平ですよ」

主人は、答えて言った。

「そこのあなたは若くて、力持ち。
そこのあなたは、仕事を覚えるのがはやい。

みんな異なる能力や、環境があるけれど、
私はそこに、
格差があってはいけないと
思っている。

だから、友よ、
あなたに不当なことをしていない。

最後にぶどう園に来た人も、
あなたたちも、

神の前では皆等価なんだ。

最後にしか来れなかった人は、
社会の隅に追いやられて、

誰からも省みられず、
五時になっても仕事がない。

そのことを思うと、
思わず彼らから先に
賃金を渡したかったんだ。

神の前に、人は皆対価であることを、
皆一デナリオンの約束であると、
真っ先に伝えたかったからなんだ。

このように、
後にいる者が先になり、
先にいるものが後になる」

……………………………………

この文章は、新約聖書のマタイによる福音書二十章一節から十六節の箇所を、私が自分の解釈を交えて詩にしたものです。憲法二十五条がないがしろにされることを放置しておくならば、福音（イエス・キリストの精神）の敗北であると言っていいと思います。では、沖縄のキリスト教会では、具体的にどのように生存権を大事にしているのか。那覇市内で野宿者支援夜回りをしている、那覇新都心キリスト教会の会員、岡田富美子さんにインタビューしてみました。

玉城：今回は、憲法二十五条、生存権についていろいろお聞きしたいのですが、岡田さんが野宿者支援夜回りをしたのは、何がきっかけだったのでしょうか。沖縄に来られて十年以上が経つということですが、そうすると、もう十年以上は夜回りを続けられたんですよね。

岡田：そうですね。一九九五年の、阪神淡路大震災のあとからですね。震災があって、一番しんどい思いをしているのは誰かなあ、ということで、それこそ教派をこえて、野宿せざるを得ない人たちがおるよね、ということで回り始めました。

玉城：何か聖書の御言葉で特に自分に神さまから示されたように感じたものはありましたか。

岡田：マタイによる福音書にある、「最も小さい者の一人にしたのは、私にしてくれたことである」という言葉です。だから本当に、（支援に）行かせてもらって、そこで出会う、おじさんやおばさんたち、にぃにぃや、ねぇねぇ達の側にイエス様はおられると思ってきました。

玉城：夜回りをしていくなかで気を付けていたことは何ですか。

岡田：やっぱり「聞く」ということを大切にしてきました。野宿をされているというだけで、相手は十分、無防備ですよね。そういう方たちに対して、気持ちだけは、ついつい相手の領域を構わずに、土足で入っていかないようにしたいなと。

玉城：おにぎりやカップラーメンを配っているそうですが、それは、お話をするきっかけ作りなんですよね。

岡田：そうですね。普通の人が三食たべていて、そのなかの一食ぶんか、おやつぶんくらいですよね。

玉城：なるほど。沖縄で野宿者支援をして十三年ということですが、神戸で夜回りをしていた時と感じる大きな違いはなんですか。

岡田：行政の取り組みと、一般の人の、野宿せざるを得ない人のまなざしです。神戸では、市民の運動からなのですが、行政を動かしていきました。住所がないと生活保護は受けられなかったけれど、仮の宿でも受けられるようになりました（沖縄も今ではそうなりましたけれど）。女性の簡易宿泊所があったりとか、行政からパン券を配られたりとか。

玉城：仮の施設や女性の宿泊所は、神戸にはあって沖縄にはないものですか。

岡田：はい、そうですね。それに代わる施設は、あるのかもしれないですけど。

玉城：本田哲郎さんという、釜ヶ崎で野宿者支援をしている神父さんの本は読まれましたか。

岡田：はい。共感できるというか、支援の経験がなければ、距離のある内容だったと思っています。

玉城：経験を通して、聖書の読み方も豊かになるというのは恵みですよね。

岡田：うーん、ただ、なんというのかな、出会うおじさんやおばさん達が、そのことを教えてくれるのであって、私が自分の聖書の読みのために、おじさんおばさんを決して利用してはいけない。それは、自戒していることです。

玉城：なるほど。

岡田：野宿生活を強いられる人がいることがいるのは、やっぱり憲法二十五条に違反している事柄ですけど、でも、それだけではなくて、普通に生活したいのに戦闘機が飛び回ることも、二十五条に違反していることだと私は思うんです。沖縄には荷重な基地負担があって、そしてそれに対して、ものを言えない人もいるし、言える人は言うし、実際にいろんな行動をしますよね。それってすごく自分の時間を捧げていることですよ。表現の自由とはいえね。そのこともものすごく、他県とは違う、人権蹂躙というかね。枯葉剤が見つかった話が最近話題になりましたけど、これも基地がなければ起こらない話だったんですよね。沖縄は他県と比べて、憲法二十五条の重さをすごく感じる場です。

玉城：野宿者の問題から米軍基地問題まで、沖縄ではいろんな角度から憲法二十五条の重みを感じますね。みんなが平等に生活できればいいですよね。今日は、貴重な時間をいただき、ありがとうございました。

青柳 宇井郎（あおやぎ ういろう）

生と死の狭間を生かされる弱者たちの地獄

日本国憲法
第二十五条
　すべて国民は、健康で文化的な最低限度の生活を営む権利を有する。
　国は、すべての生活部面について、社会福祉、社会保障及び公衆衛生の向上及び増進に努めなければならない。

　言うまでもなく我々日本人は国によって最低限の生存権が保障されている。いや、されなければならないのだ。

　25条に関しての説明および詳しい解説については他の作家先生が書き記すこととなっているので、私は、自分の体験を本に感じたことを筆に託そうと思う。なので25条とは少し外れる箇所もあるかと思うが、この時勢を生きていく上での傾向と対策。矛盾点などを感じていただけたら幸いである。

　我々を救う生存権。最後のセフティーネットと呼んでも良い。しかしながらこの権利は時として、生存権を奪い去るくらいに恐ろしいものではないかと思ってしまう時がある。

　確かに今日とも知れぬ不安にさらされて生きるよりかは大切なセーフティーネットだ。でも、果たして再度生まれ変わりたい人を助けながら自律へと導けるのか？　筆者は疑問を抱かざる得ない。

　それはひとえにこの法律が余りにも杓子定規。形ありきで運営されていて、この今の代に複雑な生活環境に適していないからだ。

　筆者は数年前、その場を生きるお足が無く、視聴者で発行される『暮らしの手引き』みたいなようなブックにて、個人融資のことが目に入ったので『社会福祉協議』へ出向いて行った。

担当者は椅子にふんぞり返って人の話を他人事のように眠たそうに聞いていた。一連の話が済むととても面倒くさい顔をして言った。

「あなたは難病と障害者の助成金が出ているので対象となるけど、分割での返済はどうするの？　助成金が入らない月。未納なの？」

「それくらい支払いますよ。それに助成金が入ったらまとめて支払いますが」

「困ったねぇ〜。分割にしてもらわないと」

「はい？」

「一括の返済は困るのです」

「はい？」

「これは税金を使っているのです。意味分かりますよね。だから先ずは定収入がある方、保証人が着けれる方などが適応なのです。それなのに一括返済なんて……」

「……あの……。定収入があったらこのような場所に相談に来ないのでは？　それに十万位で保証人たてるなら保証人に借りた方が良いと思いますよ。そう言うハードルが越えられないから来ているのでは？」

「だから税金を使うからなんです」

『好き勝手税金使って財政を悪くしたのは誰なんだよ』

そう思ったけど話がややこしくなりそうだから口には出さなかった。

「そもそも、そういう困り事は生活保護の相談受けてから来てもらわないと困るんです。そこで断られたらこちらで考えてあげるから」

こんな漫画のようなやり取りは事実である。こんなんじゃもっと困ってる人、死んじゃいますよね。

さて、年月は流れ筆者は『デジタルウェア（仮名）』と言う会社でのシナリオの仕事を受けた。しかしそこはブラック企業の表紙を飾るくらいの鬼畜な会社で今もって数百万の未納金がある。年末からのことなのでとうとう私はギブアップ。恥をしのぎ、生活保護の申請へと出向いた。せめて数ヶ月持ち直す間だけのつもりで……。

しかし、待ち受けていたのは行政の壁であった。前にも書いたが、困窮し生命の危機の場合において『生

『生活保護』は助け船と言える。しかし、中途半端な状況下では自立支援を妨げる弊害となっているのだ。

私の場合、人の家にルームシェアの身柄なので、賃貸契約が無い。即ち自分で借りている居住が無いので『生活保護』申請にいったら住所不定の無職として施設へ押し込まれる。ましてや障害者で要介護だとホームへ押し込まれる。ここが穴なのだ。作業をしながら自立を目指す人にとって狭い部屋に同部屋……。しかも門限があり。何をさせたいのか？

日中だけが仕事と思ってるとしたら眠らない日本という国を知らないのか？　夜の仕事は仕事としてみとめていないのか……。取材の中で恐ろしい実態が浮き彫りとなった。

まず、単独と違い同世代で保護を受けた時、幾人いても一人分の保護しか支給されない。しかし、日本人以外の方々は人数分考慮される。変だろう！

自立のために働いたお金の内、保護費を超えた分は行政が上前をはねる。『山椒大夫』より鬼畜！

名目所の自立を促すが、実態は収容して一所に集めて思考回路を停止させる。刑務所よりも酷い！

この様な環境下で誰が自由に自立を目指すのか？

役所に罪は無い。いい加減な枠を管理している行政の問題なのだ。こんなんだから施設に入れてもホームレスに戻る人がいても頷ける。遥かに自由はある。

また、窓口で保護を受ける際に保険証の取り上げも行われるが、あれほど惨めなことはない。日本人であることを否定された瞬間に思えてならない。

お金の流れが違うからなのかも知れないが、縦割りやめればこんな残酷なことを味わうことはない。

また、今では大分少なくなってきたがノルマみたいな問題。自治体が年間幾ら以下に福祉費を抑えなければならないとかいった決めごとだ。

税金使って行っている事業。しかも人の生命に関わる事柄に足かせがつけられるとは言語道断。おにぎり食べたくて亡くなった人が出ておかしくないことである。

最近は、ところ払いにすると「あなたの市は人に押しつけるのかっ！」みたいな苦情が自治体間であったり恥なので少しは親身になっているようではあるけれど、根本が腐った根っこでは何とも言い難いですよね。

皆さん……。

憲法二十五条　即ち生存権。これがあるおかげで我々日本国民は最低の健康や生命が守られていると言える。けれどそれを司るところに崇高な気持ちが無ければ、立川の災害医療センター（仮名）のように「命は金」という理念を持つところや、勤労者のギャラを底上げではなく賃金を下げないで生活保護の基準まで落とすような奇々怪々な現象も起こることであろう。

てか、日本国民よりも違う国の方々が色んな面で優遇されすぎて国民が地獄に落ちてるという構図も理解されにくい。

また、国民の下僕である行政が上目線で見下しながら対応する様がそもそもどこかが違うと思いませんか？

こんな平和な世の中にあって、明日には戦争より真っ先に遭遇するのが二十五条かも知れないのですよ。我々日本国民がどん底に墜ちたときも、誰もが何の不安もなく健康的に、また次のチャンスのため自立心をもちたいと思わせなければならないのだ。それが不安とか、恥とみなし放棄したり、居直りタダでギャラが貰えるなど不貞を働いたりと、様々な事案が錯綜している。

国家よ国民を宝と思うなら、今一度本憲法について語り合わないか。

田島 至（たじま いたる）

無料低額診療事業について

無料低額診療事業は、生計困難な方が経済的な理由によって必要な医療を受ける機会が制限されることのないように、無料又は、低額な料金で診療を行う事業として社会福祉法に位置づけられています。対象者は、低所得者、要保護者、ホームレス、ＤＶ被害者、人身取引被害者などが対象となります。期間や減免範囲は各実施事業所により変わります。北毛保健生活協同組合では、窓口にて減免される種類には、無料診療、窓口負担全額免除、窓口負担半額免除の三種類があります。

民主医療機関連合会（以下民医連）での実施状況は、二〇一三年一二月現在で実施事業所数三三六施設。（内訳は病院九八、診療所一九七、歯科二一、医科を含めると三七、老人保健施設二〇）。民医連加盟事業所に対する取得比率は四二％です。

二〇一二年度の厚生労働省の統計では、全国で五五八の無料低額診療施設があり、民医連の占める割合は六〇・二％となっています。

群馬民医連では、利根保健生活協同組合、群馬中央医療生活協同組合、北毛保健生活協同組合、はるな生活協同組合の四法人が実施しています。その他、済生会前橋病院、厩橋病院、榛名荘病院、松井田病院が実施しています。

県内の事例をいくつか紹介します。

・肝癌のため入院治療が必要だったが、支払い困難で入院をためらっていた。当事業を利用し、入院することができた。

・生活保護費の引き下げの影響で医療費の支払が困難となり、当事業を申請した。

・資格証でかかりつけ医に通いにくくなった。実際に支払いも困難。友人の勧めで当事業利用。「このおかげで医者に来られている」と話している。
・糖尿病の悪化で体調悪く、働けなくなり入院も勧められていた。当事業を知り、申請し入院。その後も通院中。派遣だが仕事に就くことができた。
・失業を契機に家賃が払えずホームレスに。二ヶ月前より血尿、腹痛、背中の痛みがあり、近医を自費で受診するも改善せず。当事業を知り、受診。利用をきっかけに生活保護申請。住所も定まり、就職活動を再開した。

改善事例もありますが、事業を行なっている上での気付いた課題と改善点を挙げたいと思います。
・院外薬局では薬代がかかってしまいます。「薬代は未収扱いになる。……心苦しいので少しだけ払っている。」という方が少なくありません。慢性疾患の方は薬代が高額になってしまうことが多く薬局でも同様の減免制度が利用できると望ましいと感じています。
・外国人、無保険の人が増加しています。仮放免や難民申請中などの医療保険の加入も許されない方からの受診相談もあります。慢性疾患や継続的な処置や治療が必要な場合もあり、解決策が無く困っています。
・行政からの紹介もあります。体調不良を訴え、生活保護相談に行ったが、当事業を利用するよう勧められたというケースもあり、本来、まずは生活保護申請を受け付けるべきです。
・就労や生活保護につながり改善した例もありますが、社会資源を活用できない例も多く、当事業を反復して利用せざるを得ない状況にあるケースがあります。国保四四条や国民健康保険料の改善を始め、社会制度自体の問題に取り組まなければなりません。自治体・国に訴えかけていく必要があります。

無料低額診療事業は貧困により、医療機関にたどり着くことが出来ない住民が、お金の心配をせずに医療にかかるための出発点であり、ゴールではなく診療のきっかけです。利用される患者の実態は、国保四四条や生活保護など権利である制度を受けられていない方、日本の脆弱な社会保障制度の谷間にある姿です。権利としての社会保障の拡充、運動を強めることが何より大切だと思います。

木島 章（きじま あきら）

命と暮らしを守る　九・二一・五

千葉地裁の執行官がC市の県営住宅の一室を訪れた二〇一四年九月二十四日の朝、住人である母親は中学二年生のひとり娘を手にかけ自らも死のうとしていた。母親は執行官の通報によりその場で逮捕された。長期にわたり県営住宅の家賃を滞納し、その日が強制退去の日だったという。

母親は娘が生まれた直後に離婚し、パートをしながら県営住宅で二人暮らしを続けていた。年収は約百万円で最低基準に該当し、家賃は一万二千八百円、健康保険料などの支払いも滞りがちだった。一度、保険料の支払い相談に市役所を訪れたことがあった。見かねた保険課の職員が保護課を紹介し、その日のうちに母親は生活保護の相談に訪ねているが、申請には至らなかった。その時、保護課職員と母親との間でどのようなやり取りがあったのかはわからないが、もし保護を申請し、家賃減免などしかるべき公的な支援が受けられていたら、心中未遂などという痛ましい事件は回避できたかもしれない。後日、情報開示された保護課での面談記録には、多くの空欄が目立っていた。

二〇一一年には、札幌市で二人暮らしの姉妹が遺体で発見されるという事件が起きている。亡くなっていたのは四二歳の姉と、知的障がいのある四十歳の妹で、死因は姉が突然の脳内出血、妹は凍死だった。両親に先立たれた後、姉は妹の面倒を見ながら何とかギリギリの暮らしを維持していたが、勤めていたデパートが倒産して正規の職がなくなると、公共料金はもちろん健康保険料も支払えず、その日の食事にも事欠くようになり、最後には電気・ガスが止められてしまったそうだ。室内でも氷点下を下回る冬の北海道で電気やガスがとめられて、どうやって暖をとることができただろう。それは即「死」につながってしまう。食事も満足にとれず、体調の異変に気づいても保険証がないため医者にもかかれず、劣悪な環境にひたすら耐えながら死期を早めた姉。そのあとを追うように飢えと寒さによって亡くなった妹、発見された遺体は、服を何重にも着込んだ状態だったと報じられている。

姉は、少なくとも三回は役所の保護課を生活保護の申請に訪れている。しかしいずれも保護は認められなかった。二度目となる面談など、残金がわずか千円という逼迫した生活の現状を訴えても、役所は非常用のパンの缶詰一四缶を支給しただけだった。

これらが、いわゆる「水際作戦」の実態だ。その後も貧困による「孤立死」や命にまつわる事件が後を絶たない。生活保護申請が適正に受理されていれば、行政による公的な扶助が行われていれば、尊い命が失われずにすんだ例は枚挙にいとまがない。私たちは、セーフティーネットとしての生活保護制度が、行政の恣意によって機能していない現実を知らなければならない。

生活保護の利用は国民の当然の権利

そもそも生活保護制度は、憲法二五条に定められた国民——国民の定義についてはさまざまな見解があり、筆者は外国人も含めて日本に生活の基盤をおく市民ととらえている——の生存権を保障するために生まれた制度だ。生活保護法の第一条に「日本国憲法第二十五条に規定する理念に基き、国が生活に困窮するすべての国民に対し、その困窮の程度に応じ、必要な保護を行い、その最低限度の生活を保障する」と明記されている。

日本の困窮者保護の歴史は、一八七二年施行の「恤救規則《じゅっきゅう》」を嚆矢としている。その後、一九三二年に「救護法」となり、一九五〇年に生活保護法が制定された。戦前に施行された二法は、それぞれの法律名が示すとおり、生活困窮者を国があわれんで施しを与えるという救貧法の域を脱することはなかった。敗戦によってまがりなりにも日本は民主化され、主権在民を謳った現憲法によって、十三条で「幸福追求権」が、十四条で「法の下の平等」が、そして二五条で「生存権の保障」が規定されると、国民の権利として、国が責任をもって最低限度の生活を保障することを理念に掲げた生活保護法が生まれたのだ。

しかし、実態は前述したとおり、その理念とはほど遠いものになっている。というより最近では、国はまるで生活保護制度と利用者を狙い撃ちするように、制度改悪を進めている。公助にかわって自助・共助を強調するようになり、新自由主義の台頭とともに、いつのまにか「自己責任」という考えが当たり前になってしまった。二〇〇六年、高齢者の保護費に加算する老齢加算を廃止し、二〇一三年には、三年かけて生活扶助基準を平均で六・三％（最大で十％）も引き下げ、同時に生活保護法を改悪した。親族の扶養義務を強化したり、必要以上に利用者の生活に干渉したりする法的根拠を付与し、人権侵害にも等しい要件を課して保護申請のハードルを高めている。このような制度改悪は、もちろん許すことはできないが、筆者がもっとも懸念するのは、度を越したバッシングの横行である。バッシングによって利用者への差別を煽り、国民を分断し、当然の権利として保障されるべき生活保護を破壊しようとする動きと、その裏にある企みに、警鐘を鳴らさずにはいられないのだ。

生活保護バッシングの背後にあるもの

二〇一二年三月、自民党内に「生活保護に関するプロジェクトチーム」が設置された。それを見計らうようにある女性週刊誌が、人気お笑い芸人の親族が生活保護を利用していたことをスキャンダラスに報じた。その後、多くのメディアが後追いし、このニュースは生活保護の〝不適正〟受給として、またたくまに広がった。拍車をかけるように、前述した自民党プロジェクトチームの一員でもある議員が、厚労省社会援護局にこの問題の調査を依頼し、一連の報道はネガティブキャンペーンの様相を色こくしていった。ことわっておくが、この芸人のケースは不正受給にはあたらない。人気芸能人として高額なギャラを稼いでいるのに、親族を扶養しないことに非難が集まったわけだが、これほどのバッシングを受ける必要があったのだろうか。高額なギャラといってもいつまで維持できるのか何の保証もない。一時期人気を集めても消えていく芸能人は数知れない。また、この芸人と親族との関係に配慮した記事は皆無であり、あたかも不正があったように騒ぎ立てることで、生活保護利用者全体に疑いの目を向けさせる報道に終始した。さらにこれ以降、不正受給をめぐるニュースが目につくようになっていった。そのような状況のもとで自民党プロジェクトチームは、現在の制度改悪につながる「生活保護法改正案」骨子を発表している。このタイミングに大きな権力の意図を感じざるをえないのは、私だけではないと思う。

ここで「不正受給」についても付言したい。たしかに悪質なケースもあるがそれはごくわずかで、厚生労働省の二〇一二年資料によれば、保護費の不正受給件数は保護利用世帯全体の二%程度、受給額では〇・四%ほどしかない。しかもこの数字の中には、たとえば子どものアルバイト収入を申告する必要がなかったと思っていたなど、故意ではない申告漏れの事例が数多く含まれている。なのに、ことさら「不正」という言葉を遣うことで生活保護利用者や制度全体のネガティブなイメージを増幅させ、利用者と国民を分断する口実を与えているのが現状なのだ。

生存権、そして不戦の誓い

生活保護は日本の社会保障の岩盤といわる。保護費の基準が医療費の減免や就学援助、非課税基準など、さまざまな社会保障制度に連動しているからだ。最低賃金を抑えたいから生活保護基準を引き下げてほしいと暴言を吐く財界幹部もいた。財政再建や少子高齢化対策の大義名分のもと国は、土台である生活保護予算を削減し、社会保障費全体の切り崩しを目論んでいる。ほんとうのねらいは社会保障費削減分は大企業の優遇策や軍事費に回そうというのだ。だから生活保護制度の改悪は、保護利用者だけでなく、私たち一人ひとりの問題として受け止め、阻止していく必要がある。

現在、日本は大きな転換期を迎えようとしている。小泉政権によって開かれた海外派兵の道は、安倍政権の登場によって本格的な戦争する国づくりへと進められている。構造改革は、生活保護制度はもちろん労働法制や医療制度、年金制度の改悪などを強行し、より深刻な経済格差を生み出そうとしている。いまの政権は、貧困を増大することを目的にしているといっても過言ではない。わが子に手をかけざるをえなかった母親は、寒さに打ち震えながら死を迎えた姉妹は、明日のあなたであり、自分の姿なのかもしれないのだ。

こうして大量につくられたに困窮層、特に若い世代が向かう先は、戦争なのだろうか。集団的自衛権が認められ、世界中で殺し殺されることになった自衛隊に、いったい誰が志願するというのか。だから、生活保護制度を守る取り組みは、私たちの暮らしを守ることと同時に二五条にとどまらず、憲法を守ること、とりわけ九条の不戦の誓いを守ることに帰結するといえよう。

穂苅 清一（ほかり きよかず）

米軍の迷彩服がベトナムの戦場へ
―60年代に沼田の縫製工場から―

私の人生でもっとも激動の年月は、１９６０年代であった。当時22歳だった私は、安保闘争に参加。同時に青年団、緑の会、わかもの会、民青の青年運動、そして職場（工場）における労組結成１９６０年４月の準備にも。

私の入社当初、女子の深夜労働も平然と行われ、日給５００円の劣悪な労働条件だった。62年７月に、２ヶ月の夏季手当と交通費全額支給を要求し、２日間の全面ストを行い、これを獲得した。しかし、ただちに労組つぶしが行われ、１９６２年10月、私は解雇された。利根地協に不当解雇反対共闘会議が結成され、地域の多くの仲間に支援され、丸６年間の青春時代を突っ走った。不当労働行為として地方労働委員会、中央労働委員会、東京地裁へと訴訟がつづき、勝利したのである。

私たちの労働争議は、安保闘争からベトナム戦争反対の運動と共に歩んだ。当初は、私たちの工場とベトナムとのつながりを全く知るべくもなかった。

１９６０年12月には、南ベトナム解放民族戦線が結成されたが、１９６４年に米大統領は北ベトナムへ爆撃を命令した。ベトナムの抗米救国の激しい戦争は１９７５年４月のサイゴン解放により終止符を打った。この間のベトナム人民の死者は１２０万人をこえている。北ベトナムの民間人の死者は把握されていない。

この戦争に、日本が米軍の第７艦隊の基地となり、全面的に協力したのは云うまでもない。武器のみならず、軍隊が必要とするさまざまな物資の調達を日本が行い、いつの時代でも同じように軍需産業は大もうけをしてきたのである。そのベトナム特需の恩恵を受けていたのが、私が働いていた上越線沼田駅前の日本理研縫工（株）であった。親会社は理研ゴム。

メコン川を下るボート、現地や基地内でも寝具になるゴム製のエアマット、そして、ベトナムの長い雨期に耐える森林の色に似せた褐色の大型合羽（ポンチョ）。戦争の間接特需であった。

私は、これらを作る裁断工の一員として働かされていた。製品輸出先は、アメリカ。時には陸上自衛隊もあった。

ある時、会社の生産計画書の中に「米陸軍特殊ゴム靴」「米陸軍将校用雨衣」の文字があり、行く先はサンフランシスコなどであった。

１９８０年の国勢総覧によれば、ベトナム戦争中の特需収入は70〜74年で1兆5千億ドル（軍関係は３４３億ドル）とあるが、特需の実態は明らかにされていない。

私の手許には、迷彩色のゴム布が今も残っている。ジャングルの中でベトナム人民の生命を奪い、国土を破壊するために役立った迷彩服などを製造する労働に従事させられたことを思い出すと、自責の念にかられることがある。

当時の首相らが、「武器の輸出は防衛のためなら差し支えない」といって、日米安保条約改定によりベトナムまでも在日米軍の守備範囲と容認したことが根本にある。

私は、不当解雇された職場で２００人以上の若い労働力が米軍のベトナム戦争に協力させせられていた事実を決して忘れることはない。

最後に、60年代に私が出版した詩集『作業場の炎』からベトナム戦争に関する詩を紹介したい。

作業場の炎

ほかり　きよかず

— そこは
きみの坐っている作業場から
ずっと離れた土地だ —

日本人のきみが
恐らく使うことはないと思われる
マットレスやゴム合羽やゴムボート。
アメ公の豪華なくらしをつくるために
せっせとこしらえつづけた汗と血の結晶。
毎日のように大型トラックで

きみの工場から運ばれてゆく

ヨコハマから船に積み込まれて
ロスアンジェルスへ
サンフランシスコへ

何事も起こらないような
平和であるような
きみの作業場とヨコハマとアメリカ

— そこは
ヨコハマから海を南下した土地だ —

いつかきみの生産計画の中に
「大陸軍将校用雨衣」と記入された指示書が
そっと送りこまれていたのを知っているか
十をかぞえるきみの知らない工場で
ゴム長靴を一緒に
「米陸軍用特殊ゴム靴」が作られているのを
知っているか

そこは
ゴム合羽とジャングルシューズで
うっそうとした密林とデルタ地帯で
完全武装したアメリカの軍人たちが
毒ガスを使って
特殊戦争の行われている土地。
「爆撃は平和へのもっとも確実な道」と
きみと同じアジア人を皆殺しにするため
きみの作り出すゴム製品の行き先で
指揮をとっているジョンソン。
ゴム合羽と軍靴をつくるきみの工場が
アメリカの武器補給基地と同じく
黄りん弾　ミサイル兵器と同じく
欠かすことのできない
基地。

そこは
きみの坐っている作業場から見えない。
作業場とヨコハマとアメリカを結ぶ糸は見えても

ヨコハマとＡＰＡとオキナワを結ぶ糸は見えない
見えない糸のその先端にある土地だ。
しかし
アジア人のきみは
同じアジア人を殺すアメリカの
片棒をかついでいる日本の政府と
きみをやとっている会社に
いつまでも黙ってはいない。

—　そこは
きみの坐っている作業場から
アメリカよりもっと近い　—

いまその土地で
ナパーム弾よりも強烈に
燃えひろがっている炎は
きみの作業場に
燃え移ろうとしている。

注　ＡＰＡ　在日米軍調達本部

執筆者プロフィール

執筆者プロフィール（五十音順）

青柳 宇一郎（あおやぎ ういろう）
山梨生まれ。ＴＶ・映画の製作現場を経て円谷プロ初代ＦＣ事務局長となり、退社後、メディア関係の企画、構成、脚本、演出を手がける。書籍は『ウルトラマン99の謎』を始めとするムック関係が多い。近年はゲーム関係や若いタレントの育成を行っている。

秋田 高敏（あきた たかとし）
一九三一年熊本県下に生まれ、現在千葉県富里市に居住。本名高田敏秋。国立佐賀大学卒。所属は世界詩人会議、日本ペンクラブ、日本詩人クラブ、現代俳句協会、日韓詩人文学交流協会（会長）。著書として『痴人の呟き』『寄せ鍋』『タイル業界の雄杉江義男伝』など。受賞歴としては青荷国際文学賞（韓国文学振興財団）、社会教育功労（文部科学省大臣表彰）、国際貢献善行（日本善行会）、教育功労（千葉県教委）など。

秋野 かよ子（あきの かよこ）
一九四六年、和歌山市生まれ。詩集『台所は　詩が生まれる』『梟が鳴く—紀伊の八楽章』『細胞のつぶやき』。詩誌「コールサック」などに詩やエッセイを発表。日本現代詩人会、詩人会議、関西詩人協会の会員。好きなことは料理、音楽ほか。

浅見 洋子（あさみ ようこ）
一九四九年生まれ。和洋女子大学卒。詩集『歩道橋』（けやき書房）、詩集『交差点』（けやき書房）、詩集『隅田川の堤』（けやき書房）、詩画集『母さんの海』（世論時報社）、詩集『マサヒロ兄さん』（けやき書房）、詩集『もぎ取られた青春』（花伝社）、詩集『水俣のこころ』（花伝社）、詩集『独りぽっちの人生《せいかつ》』（コールサック社）、叙事詩『独りぽっちの人生』（文芸社）。

中島 省吾（あたるしま しょうご）
一九八一年三月十六日生まれ。二〇〇三年夏まで平和堂の新聞チラシ広告のモデルとして活躍する。詩作「I LOVE　YOUの景色」が、二〇〇三年二月に愛知出版主催の即興詩人詩人大賞にて大賞を受賞。三三二名応募者より一人大賞に選ばれる。一九九九年PHP、十月、十二月号に詩人・青木はるみ選として「いのち」が全国応募十人選の中で二回佳作として選ばれる。宗教系四年制大学中退。

いがらし かずお
介護現場の労働に従事。現在は他職。

石村 柳三（いしむら りゅうぞう）
一九四四年、青森県北津軽に生まれる。厳しい風土であったが、霊峰岩木山が映る津軽富士見湖が胸臆に浮かぶ。僧侶になるべく、十四歳の時、遠い山梨県の身延山の学校に学ぶ。後に東京に出て詩の道に走る。詩集に『晩秋雨』『夢幻空華』『合掌』。詩論集に『雨新者の詩想』『時の耳と愛語の詩想』。著書に『石橋湛山―信念を背負った言説』（日本図書館協会選定図書。）NPO法人「山梨平和ミュージアム―石橋湛山記念館」主催・第二回「石橋湛山平和賞」を受賞（優秀賞）。出家者にはなれなかったが、志した詩は捨てずにいる。

詩も、仏道も、求道という個の色彩に通底するものがあり、その足の眼の詩をうみたいと自らの道を歩いている。日本現代詩人会、石橋湛山研究学会、各会員。

井上 優（いのうえ ゆう）
一九七〇年、群馬県前橋市生まれ。カトリックのクリスチャン。日本現代詩人会、日本詩人クラブ、日本児童文学者協会、各会員。九条の会詩人の輪世話人。医療ライターとしても活動。詩集『生まれくる季節のために』『厚い手のひら』。検索は「井上優詩人」で。HP、ブログ、ツイッター、動画、他が見られます。

大塚 史朗（おおつか しろう）
一九三五年、群馬県北群馬郡生まれ。高校卒業以来、農業に従事。民話集『女塚物語』（上州榛名東麓の民話）。詩集『野道で』他十九冊。詩選集『大塚史朗詩選集一八五篇』。近年、町の要請で紙芝居の脚本を六篇書く。群馬詩人会議代表。「夜明け」編集・発行人。

木島 章（きじま あきら）

一九六二年、横浜に生まれ、在住。詩集『点描画』。横浜詩人会、日本現代詩人会、詩人会議、九条の会詩人の輪、各会員。「コールサック」、「SPACE」等の詩誌に参加。二〇一四年六月、長年身をおいた広告業界（コピーライター）から民主団体専従に転身し、憲法九条と二十五条を守る活動に従事している。

北嶋 節子（きたじま せつこ）

一九五〇年、横浜生まれ。横浜市立小学校の教師として三十七年間勤務。定年退職した後、教育雑誌『生活指導』の編集に携わる。著書に『崖の下の花』『とばない鳩』『月虹ナイトレインボー』（こうち書房）『ほおずきの空』『暁のシリウス』（コールサック社）がある。

くにさだ きみ

一九三二年岡山市に生まれる。「黄薔薇」「共和国」「やくす」「器」「飛揚」などを経て、現在「ミモザ」に所属。個人誌「径」。一九五五年、小林（現在、中桐）美和子と共著『蒼の楕円』出版。以後、詩集『圧』『けだもの考証録』『指話』『獏の餌箱』『ミッドウェーのラブホテル』『木にかえす』『オリの春』『写撃者』『罪の翻訳』『壁の日録』『訴える手』『静かな朝』『ブッシュさんのコップ』『国家の成分』『オソロシイ星』『くにさだきみ詩集』（日本現代詩文庫）『くにさだきみ詩選集一三〇篇』（コールサック詩文庫）などを出版。他に詩画集『いのち・花』（絵・岡田紗月木）、詩論集『しなやかな抵抗の詩想』。詩人会議、岡山県詩人協会、中四国詩人会、日本現代詩人会、日本詩人クラブ、各会員。

古平 弘樹（こだいら ひろき）

一九八一年、群馬県高崎市生まれ。二〇〇四年三月、横浜国立大学経済学部経済法学科卒業。二〇〇六年三月、専修大学法科大学院法務研究科法務専攻卒業。二〇〇八年十二月、弁護士登録。二〇一四年四月、群馬弁護士会　労働・社会保障問題対策委員会委員長。同年十月、こだいら法律事務所開設。

こまつ かん

一九五二年長野県東筑摩郡塩尻町生まれで、山梨県南アルプス市に暮らす。看護師、救急救命士、医療気功師（中国衛生部）、アマチュア無線技士の資格あり。生涯学習一級インストラクターで手話通訳の経験豊富。養生気功、易・タロット占を学んでいる。日本詩人クラブ、日本現代詩人会、詩人会議、山梨県詩人会所属。日本現代詩歌文学館振興会評議員。詩集『龍』『見上げない人々』『ことのは』、小説『今は幸せかい?』など。

佐相 憲一（さそう けんいち）

一九六八年、横浜生まれ。京都、大阪などを経て現在、東京在住。詩集『愛、ゴマフアザラ詩』（小熊秀雄賞）『時代の波止場』ほか計七冊、詩論集『21世紀の詩想の港』、エッセイ集『バラードの時間―この世界には詩がある』。編著、共編著多数。

志田 昌教（しだ まさのり）

一九五三年五月二日、長崎県佐世保市に生まれる。幼い頃から詩作に励むが、青年期にふと詩にメロディーをつけることが最高の朗読法ではないかと思い立ち、独学で作曲を身につける。故いずみたく氏らの目に留まり、上京を勧められたこともあったが、母親の病気のために断念、以後音楽とは無縁。現在も長崎県在住。詩人会議会員、福岡詩人会議会員。長崎文学の会同人。

洲 史（しま ふみひと）

一九五一年十二月二十二日に新潟県東頸城郡安塚町に生まれ育つ。十八才から千葉市、二十二才から現在まで横浜市で暮らす。一九七一年四月から法政大学第二文学部日本文学科に学ぶ。学校事務職員（公務員）として働きながら教職員組合運動に力を注ぐ。詩人会議、松田さんを支える会、学校事務職員制度研究会、横浜詩人会議等に参加。詩集『学校の事務室にはアリスがいる』『小鳥の羽ばたき』。

髙嶋 英夫（たかしま ひでお）
一九四九年福岡県北九州市（旧、八幡市）生まれ。埼玉県狭山市に妻、長女、愛猫と暮らす。詩の愛好者であっても、滅多に書かなかった。東日本大震災の津波と原発災害が契機となり、詩集『明日へ』（二〇一二年、詩人会議発行）を自主出版して仮設住宅等へ送り届ける。自分も風化してはイケナイと思って、本企画の勧めに応募する。詩人会議会員。

高畑 耕治（たかばたけ こうじ）
詩集『こころうた こころ絵ほん』イーフェニックス。『さようなら』、『愛のうたの絵ほん』、『愛《かな》』、『海にゆれる』土曜美術社出版販売。『死と生の交わり』批評社。
ホームページ：愛のうたの絵ほん。
URL http://ainoutanoehon.jp/
ブログ：愛《かな》しい詩歌・高畑耕治の詩想。
ツイッター：詩人 高畑耕治 愛のうたの絵ほん。@TakabatakeKouji
一九六三年生まれ、大阪・四條畷市出身。

田島 至（たじま いたる）
北毛病院 にて、ソーシャルワーカー。

田島 廣子（たじま ひろこ）
一九四六年、宮崎県都城市に生まれる。看護師。詩人。国立大阪医療センター看護学校、大阪芸大保育科、佛教大学社会福祉科卒業。詩歌集『白衣の歩み』、詩集『愛・生きるということ』『くらしと命』。「人間詩歌」「詩人会議」「軸」「関西詩人協会」「風」などに所属。

玉城 郁恵（たまき いくえ）
一九八四年生、沖縄県那覇市生まれ。二〇〇九年、沖縄キリスト教学院大学人文学部中退。二〇一三年より沖縄バプテスト連盟・神愛バプテスト教会信徒。

長澤 靖浩（ながさわ やすひろ）
主な著書★『魂の螺旋ダンス 遥かなる今ここへ』第三書館（人類の精神史を踏破しその正負を見つめる宗教社会学的評論）★『ええぞ、カルロス』大阪市教育委員会（子ども向け人権絵本）六ヵ国語ＤＡＩＳＹ絵本化進行中。★『蝶を放つ』鶴書院（自らの臨死体験を活かし生老病死を問う「魂の小説」。最新刊！）

仲道 宗弘（なかみち むねひろ）
司法書士。昭和四十年栃木県に生まれる。平成十六年司法書士登録。消費者問題や貧困問題に取り組む。現在、司法書士法人ぐんま市民司法書士事務所代表。「反貧困ネットワークぐんま」代表。

永山 絹枝（ながやま きぬえ）
長崎県作文の会員、詩人会議、元小学校教員。長崎大学教育学部大学院卒、一九四四生まれ。第一詩集『子ども讃歌』、第二詩集『讃えよ歌え』『感動と表現の平和教育』『詩教育』等

二階堂 晃子（にかいどう てるこ）
一九四三年生まれ。「山毛欅」同人。福島県現代詩人会所属。日本現代詩人会会員。福島作文の会、福島朗読サークル所属。学校心理士。著書は、『ありんこ』『絆―伝えることの大切さ』『悲しみの向こうに―故郷・双葉町を奪われて』。『生業を返せ、地域を返せ！』福島原発訴訟原告。

根本 昌幸（ねもと まさゆき）
一九四六年、福島県浪江町生まれ。詩人。中学生時代より詩作を始める。現在、「ゆすりか」「PO」「日本海詩人」「コールサック」などに詩を発表。日本ペンクラブ、日本詩人クラブ、日本音楽著作権協会各会員。著書に詩集『荒野に立ちて』『別離の日』『昆虫物語』『トーテムポールの下で』『昆虫詩篇』など。詩のほかに、童謡、歌謡、合唱曲の作詞など多数。

登り山 泰至（のぼりやま やすし）
一九八二年生まれ。詩人。関西詩人協会会員。詩誌『新現代詩』、『PO』、『コールサック』、『狼』、『衣』に参加。アンソロジー詩集『風XI』（竹林館）。アンソロジー詩集『SNS詩の風41』、同エッセイ集『それぞれの道～33のドラマ～』（コールサック社）に参加。

穂苅 清一（ほかり きよかず）
かつて不当解雇され審査請求、再審査請求及び東京地裁判決まで六年間戦って勝利した。派遣村活動では群馬の呼びかけ人、利根沼田の実行委員長となり、貧困者やホームレスの人々のさまざまな問題に取り組む。生活保護費引下げ問題について、審査請求と裁判支援に取り組む。「生存権を守るぐんまの会」の代表委員。現在の職業は行政書士、特定社会保険労務士、宅地建物取引士などの国家資格を持ち、群馬県沼田市で穂苅事務所を開業四十年。

前塚 博之（まえづか ひろゆき）
一九七〇年生まれ。府立藤井寺高校卒業。家電製品の販売業を十年経験。郵便配達を三年経験。鬱病を発症し、労働できなくなり、現在は療養中。日本基督教団所属のクリスチャン。mixiやアメブロなどでブログや詩などを公開しています。慎ましく清貧に暮らしています。

村越 芳美（むらこし よしみ）
一九八二年東京都生まれ。二〇一〇年、弁護士登録。二〇一四年二月、群馬県高崎市内に村越芳美法律事務所を開設。反貧困ネットワークぐんま事務局長。群馬弁護士会労働社会保障問題対策委員会事務局長。日本弁護士連合会若手弁護士サポートセンター委員（若手女性会員・女性修習生支援部会所属）。

山岡 和範（やまおか かずのり）
一九三一年、広島県豊田郡大崎南村（現大崎上島町）に生まれる。峠三吉に誘われて詩誌「われらの詩」に参加。東京都の小学校教師をつとめる。詩集『どくだみ』など十三冊。詩選集『山岡和範詩選集一四〇篇』（コールサック社）。「詩人会議」「いのちの籠」の会員。

山村 礼子★にゃき
（やまむら れいこ ほし にゃき）
☆ゆるくすぐやるアクションイベントグループTAG（タグ）代表。一九七一年三月五日生。四十四才。大阪府高槻市在住。十五才で両親没し、労働者の街釜が崎で自立。十七才より六年間ＤＶ男と同棲。風俗嬢などで生計を。男は一度も働かず。覚せい剤にて拘置所へ。出所後即精神病院入院。退院後に高槻市の援護寮へ。三十一才で定時制高校入学。卒業後は職を転々。福祉の本で見た憲法第二十五条に胸を撃たれる。すべての存在が自ら選択する人生をと願い、社会への発信を誓う。

解説／あとがき

解説
詩文集『生存権はどうなった』ひとりひとりの生に繊細であること

佐相 憲一

一

生きて生活すること、時代の進展にふさわしい程度の文化的水準で暮らすこと、それは現代社会では自明のことでなければならないでしょう。

未来の社会運営の主力として希望に燃えるはずの若者が境遇や財力の違いで差別され、活躍の可能性を閉ざされる世の中というのは、お先真っ暗と言わざるを得ません。不況など厳しい経済状況のためにそれが正当化されて、競争と蹴落としを煽られて、あとはすべて「自己責任」というのでは、そもそもの人間的な心の豊かさなど育つはずがありません。

高齢者への考え方も歪んだものが流布されています。これまで何十年も働き、税金を納め、商品社会での役割を果たし、つまりは国の日々の循環を支えてきた人びとが、さまざまな差別構造の下で、一部の者は余裕の余生、ほかの少なくない人たちは苦しい年金暮らしも危うくなり、病院にも行かれないなどの状況。これを国家財政の逼迫とか企業の責任などと言って正当化することはおかしなことです。国家財政を見れば、軍事費や海外援助や巨大開発などに巨額の無駄が見つけられますし、利潤追求のために労働者に冷たくする企業をけん制しばしばる法律がドイツなどと違ってないのですから。

事故や疾病でフルに働けなくなった層や障がい者などが「余計者」「失敗者」と思い込まされて十分に支援されない風潮も大問題です。人間誰でも、ほんの少しの偶然の力で、そのような立場になる可能性をもっています。決して人ごとではないのです。しかし、「自己責任」「自立」ばかり変に強調される世の中では、制度的にこうした立場の方々が現代人らしく生き生きと暮らしていくことが困難になっています。

国や地方の財産は誰が積み上げてきたのでしょう。ひとりひとりの労働によって、そしてそれを支える家族など周囲の人たちの日々の営みによって、国家予算や地方予算があるのではないでしょうか。所得税や住民税、相続税や贈与税、固定資産税などを払ってきたのですし、保険料も年金掛け金も払ってきました。法人税も、海外への多国籍企業化した一部の大手会社のほかは、税逃れできず、大多数の中小企業の労働が生み出した税金として払われてきたのです。日本はお金がない国ではありません。予算規模を見ても明らかです。主権者への富の分配と生活の安心への保障において、お金の使い方が間違っているのではないでしょうか。

主権者としての自覚。これは今後さらに悪乗りしそうな政治的経済的システムの暴挙をはねかえす、一番大事なことでしょう。その自覚のためには学習が必要です。一部マスコミが悪政の応援団あるいは中立を装って見て見ぬふりをするのなら、ひとりひとりの市民が現実を見つめて、しっかりと権利と要求を声にしていくことが大切でしょう。そしてその動きが少数ではなく、連帯の輪をつくって動き出す時、何かが変わっていくことでしょう。

二

そんな声と行動を世に示してきた人たちがいます。この本の編者のひとり、穂苅清一さんもそうです。本文と略歴にその一端が書かれているように、彼は泣き寝入りしない人間の連帯の輪をつくってきました。そして、窮地に陥った困難な状況の人びとの権利を共に闘って勝ち取ってきました。裁判にも強い、行動する人です。地元の群馬、沼田やみなかみ辺りで、彼はかなりの著名人です。高齢となったいまも、彼の事務所・相談所にはさまざまな人が相談や打ちあわせに来ます。生活保障や反貧困、平和の問題などで新聞にも取り上げられ、思想信条を問わず一目置かれて尊敬される存在なのです。筋金入りの生存権スペシャリストです。

群馬在住詩人の井上優さんの案内で穂苅清一さんに会いにうかがった時、私は目の前の人のよさそうな優しい笑顔にほっとしました。冬はスキー場も経営し、以前は議員もされてきたという穂苅さん。お若い頃、詩を書かれていたとお聞きして、いっそうの親しみがわきました。いまは詩を書かないけれど、詩人たちを応援する気持ちを持ち続けているとのこと。そんな穂苅さんと井上さんと私の三人で、詩文集『生存権はどうなった』の企画をすすめることになりました。

この本の後半の文集の章の執筆者には、生存権に関わる実際の社会運動をすすめている専門家たちがいます。報告され告発されている事実は切実です。世に出回っている「自己責任」論がいかに無責任な非人間的なものかが明らかでしょう。

そうした専門家といっしょに、詩人たちや小説家などが独自の視点で執筆しています。詩集の章も文集の章も、生存権という社会的テーマに、詩の心や随筆の心で迫っているのです。自分自身の苦しい体験や周囲の関係者の苦しみを誠実に書いてくれた方々もいて、告白に胸が痛み、深く共感する読者も少なくないことでしょう。また、詩人であると同時にさまざまな生存権関連の職務をこなしてきた書き手もいて、現場の声を詩にしてくれたことも貴重でした。あるいは、直接そうしたところに関わっていないけれども、詩人として、生存権というテーマに切実な現代性を感じて詩を寄せてくれた方々もいます。

ちょうど国会で、日本が武力攻撃されていなくても海外で武力を使える「集団的自衛権」や「安保関連法案」が審議され、国民・市民のひろい層に危機感がひろまっている時期なので、平和に関して人間の生存権の根本を問う作品群も収録されています。いったん戦場になれば、「健康で文化的な」生活は根本から破壊されるのですから、これも生存権に深くつながる問題です。

三・一一の東北の現場からの切実な詩篇も収録されています。いまも被災者の生存権はないがしろにされているのではないでしょうか。

このように見ていくと、ひと口に生存権と言っても、その及ぶ範囲は広大です。

三

詩集章には二十二名の詩が収録されています。

登り山泰至さんの「当たり前という幸福が欲しい」

は、派遣労働の若者の実態とその心情をリアルに表現しています。吐き出すような実感が痛々しく、以前の日本社会がまがりなりにも労働者に保障していたことさえ切り崩されて、安定志向さえ持てない世代の声がここにあります。

山村礼子★にゃきさんの言葉は壮絶な体験から生まれました。「人が好き」本文や巻末プロフィールにあるように、人生どん底からの再生を実践してきた人の言葉は優しく、明日へと向かう他者の心をも励ましてくれるようです。

秋田高敏さんの詩群は、高齢の障がい者、児童館を利用する母子、ホームレスの人の心模様を観察しています。一歩引いた自分自身の眼で、彼らの姿に心を寄せて、客観的な説得力のあるものを書いています。その全体から、作者の願いの体温も伝わってくるようです。

秋野かよ子さんはユニークな切り口で印象深い詩群を寄せてくれました。そこには人びとへの共感と共に、強烈な風刺やユーモアもきいていて、短詩の冴えが光ります。「文化」の皮肉は資本主義そのものの矛盾かもしれません。ワークシェアリングの思想も感じられます。

石村柳三さんの「てんぷら」を数年前に読んだ時、人情味のある名風刺詩として記憶しました。今回それをまたひろく読んでもらえて何よりです。二流、三流をチクリと刺しながら、それにまみれて日々暮らさざるを得ない自分も含めた庶民のペーソスをじんわりと伝えます。自嘲気味に見えながら、底に強靭な批判精神があり、ひっくり返す発想の醍醐味があるのです。

中島省吾さんは独特の語りで不思議な世界を描きながら、弱い存在の愛おしさと願いを表現しています。面白い書き方なので楽しめますが、内容はなかなかシビアでリアルです。これらを読むと、愛の力を信じることは決してばからしいことではないと思えてくるのではないでしょうか。

二階堂晃子さんはフクシマの現実を独自の視点から表現しています。「書付」では、〈その筋のお達し〉と〈家主の書付〉の様子を描写しながら、その奥にある被災者の本当の叫びへと展開し、そこに権力への痛烈な皮肉をきかせています。

根本昌幸さんの「ごせっ腹やけねえかい」はフクシマからの痛快な風刺詩です。いっこうに解決しない三・一一後をぶちまける腹の底からの言葉に拍手する読者も少なくないでしょう。

高畑耕治さんは三・一一被災者になりかわってつづる心の声と、八月の平和の声です。避難民の中学生への差別を刻印したことも貴重です。三月と八月は深いところでつながっているのですね。人間存在の声です。

長澤靖浩さんの「約束の島」は、戦後の誓いや願いが実現したらこうなるという展開自体に強烈な皮肉があり、私たちに平和の原点を問いかけています。「背割堤」「父と子の光景」に表現された自然界の大切さと人間親子の情愛は、生存権が脅かされている現代社会への詩的アンチテーゼのようにも読めますね。

いがらしかずおさんの作品には、ある人物が死を意識して記した言葉が記されています。難病の妻との二人暮らしの生活実態が刻印されて、読む者をせつなくさせます。

大塚史朗さんの詩群には、戦前戦後を農の場で生きてきた人の、世の中への思いがあふれています。生活、戦争と平和、震災と原発、といったことが、自他の足もとを見つめる中に考察されています。

洲史さんは、横浜に中学校給食がないこととその実現への運動、そしていまの教育状況でのこどもたちへのメッセージを詩に記してくれました。東京で当たり前に実施されていることがお隣の大都市で行政の抵抗にあっていることが驚きです。

こまつかんさんの連作詩は、精神を病んだある人物とその妹、そして民生委員の三者それぞれの視点から展開する小説タッチの作品で、具体情報と心理描写による矛盾と葛藤がリアルです。

田島廣子さんは看護師らしい眼で、病や事故のために悲しい思いをしている人びとのことを詩二篇に書き、エッセイではマザーテレサの言葉への共感を軸に医療・介護への政治の姿勢を問いかけています。

志田昌教さんの連作詩は亡き母への痛切なレクエムであり、人生のかなしみのうたです。「精神分裂症」と診断された母を精神病院に入所させたことで自らを責めながら、本音の告白には嫌味がありません。そして、自らの存在への疑念と葛藤、苦悩の足跡が淡々とつづられ、やがてあるがままに受けとめる悟りに似た境地へと至ったことが記されます。人ひとりの命の重みが伝わる、しみじみとした作品です。

くにさだきみさんは「生存権裁判」傍聴に際しての実感を独自の表現で伝えていますが、〈原告のウノさん〉の人生の声を受けとめる深さが光ります。そして、作者自身の息子の死とそこにいたる勤務環境追跡の詩群もまた、痛切なものを読む側に伝えています。

永山絹枝さんの連作詩は、さまざまな苦しみの事例を記し、登場人物への人間的共感をベースに、かなしみと励まし、そして問題のありどころを探っています。精神障がい者、いじめで自ら命を絶った少女、労災自死の父親、知的障がいの息子と父母、トラウマを抱える妻と夫の愛、ひきこもりと思われる息子をもつ女性の愛。いずれにも作者の慈しみの眼が注がれます。

高嶋英夫さんの連作詩は、二〇一五年から始まって、六十年前、五十年前、三十年前、十五年前、四年前の三・一一と、象徴的な情景を振り返ります。そして、再び今年の現状にかえってきます。総タイトルの「荒れ地を越えて」にあるように、複雑な歴史を見つめながら人間の希望を失わないことの大切さを伝えています。

山岡和範さんは、はるかな故郷や命のつながりなどを伝えながら、戦後の日本国憲法の新鮮な実体験を記してくれます。戦前軍国主義に洗脳されたこどもたちが驚いて受けとめた平和憲法の新しさ、その息吹が七十年近い歳月をこえて、ストレートに伝わってきます。

井上優さんは詩集『厚い手のひら』からの収録で、三篇それぞれの味わいがあります。息子を中心に作者一家とホームレスの人との心の交流を描いた「幾つかの抱擁」、ワーキングプアの若者の希望のうた「明日が始まるとき」、象徴的な手法で世界の本質的なひろがりの中の時代性と生きる意志を書いた「時代の魚」です。

四

佐相憲一はこの数年間に発表した中から四篇の詩を収録しました。

文集章には十一名の散文・エッセイが収録されています。

仲道宗弘さんは生活保護を必要としているAさんとの印象深い出会いと交流話を交えながら、この国の貧困の実態を説得力のある冷静な筆致で暴き、「反貧困ネットワークぐんま」を立ち上げるに至った経緯を述べています。ここに記されている事実の力を誰も否定できないでしょう。Aさんとの再会のくだりは、文学的にも感動的です。

村越芳美さんは憲法二十五条の「健康で文化的な最低限度も生活」をめぐるたたかいの中で遭遇した苦い実例を二つ報告しながら、声をあげることと連帯の大切さを伝えています。

古平弘樹さんは日本と群馬の数値的な実証を加えながら、生存権をめぐる問題の実際と、その克服方向を示していて、やはり説得力があります。

前塚博之さんの体験記は胸をうちます。郵便局で働いていたころに発症した鬱病とその後の苦労が切々とつづられており、末尾に書かれた読者へのメッセージも切実です。誰でもそうなる可能性がある、そういう意識から社会システムを再考したいものですね。

北嶋節子さんは小説家ですが、今回はホームレスに関する自らの意識の変遷を好エッセイにまとめてくれました。そして、現在行われている運動を紹介しながら提言しています。

浅見洋子さんは、高校の部活動合宿と課外授業の柔道で、共に〈植物状態〉になった生徒と家族の無念を伝え、学校教育の現場と行政対応などの問題点をえぐり出しています。いずみさんや和光さんの青春が一瞬のうちにつぶされ、家族の裁判の大変さを知る時、底知れないかなしみが響いてきます。

玉城郁恵さんは、聖書にある物語を作者の解釈で詩に表現し、関連して沖縄のキリスト教会で野宿者支援をする岡田富美子さんとの対談を掲載しています。実践する聖職者の姿が尊いですね。

青柳宇井郎さんは、自らの複雑な生活状況の下で生活保護申請をした際に受けた行政の冷たい官僚主義的態度を告発し、生存権を保障する処置が、実際に必要なところになされず、いかにいびつなしくみになっているかを伝えています。ざっくばらんな語りに怒りがにじみ出ています。

田島至さんは民主医療機関連合会（民医連）で実践している無料低額診療事業を群馬県を中心に伝えてくれています。箇条書きされた事例はどれも切実で、実際に役に立つ情報です。

木島章さんは生活と健康を守る会（生健会）の専従活動でつかんだものをもとに、生活保護や生存権をめぐる日本の実情を論じています。そこには平和の問題も深く関わる、この国の政治がつくりだしてきたからくりへの批判も鋭く展開されています。

穂苅清一さんは、二十代だった一九六〇年代の工場での運動とベトナム反戦とのつながりの鮮明な記憶を記し、当時発表した詩作品を添えています。いま、群馬でひろく信頼される生存権のプロの原点が新鮮です。

おわりに

ひとりひとりの心の繊細なところを大切にする詩文学と、ひとりひとりの人生を大切にする生存権の運動は、深いところで結びつくのではないでしょうか。そんな願いも含まれる詩文集です。

この本が、生きることに苦しんでいるひとりひとりの心を励まし、福祉関連などのボランティアや職業を通じて何かを変えようとがんばっている人びとを励まし、真の生存権保障のための運動の力になることを願います。

と同時に、この本が、文学的な読み物として、真実の力をもって、ひろく人びとの胸に響くことを強く願います。ほかでもない、詩文集という形態の本にしたのですから。

詩やエッセイが、個別性を通じて、他者である読者に普遍的なものを届け、読者の人生それぞれの何かに本質的なところでつながっていく。生存権という切実で今日的なテーマのこの詩文集が、そうした文学ならではの役割を果たせるといいです。

解説　詩文集『生存権はどうなった』

憲法の精神を身近な場所で生かすために

鈴木　比佐雄

　私にとって具体的な「生存権」としての役割を果したものを考えて見ると、大学に行く際に新聞社と新聞販売所が学費などを支援してくれた新聞配達奨学生となったことが想起される。病気や失業など経済力のない親の子が大学に行くためには、販売所に住みこむことが私の学生時代にはまだ一般的だった。学費と家賃と食事代を確保できれば、高校卒業の貧しい若者でも生きていけることができ、その制度はとてもありがたかった。販売所には奨学生の他に若者から老人まで様々な人びとが新聞配達をして生きていることが分かった。浪人時代も含めて二か所の販売所での経験は、私にとって「生存権」の現実と社会の多様な人生模様を感じさせてもらった掛け替えのない時間だった。そのような意味で様々な境遇の若者やもう一度人生をやり直そうとする大人たちを救済する場所や時間を社会全体で具体的に確保することが可能か。そんな生存権を促す根幹になるものが憲法二十五条であると私は考えている。

　第二十五条　すべて国民は、健康で文化的な最低限度の生活を営む権利を有する。
　国は、すべての生活部面について、社会福祉、社会保障及び公衆衛生の向上及び増進に努めなければならない。

　引用した日本国憲法二十五条は、人間愛に満ちた崇高な精神によって生み出された生存権を規定した条文だ。もし二十五条がなければ、「基本的人権」に魂は入っていないと言われていたろう。二十五条は生きるか死ぬかの危機に陥った人に対する緊急避難場所だろう。その意味で人を救わなければならないという徹底したリアリズムの精神が生み出したものに違いない。その二十五条について詩と散文で考えた詩文集『生存権はどうなった』が刊行された。今の時代において生存権が果たして十分に生かされているのか。二十二人の詩篇と十一人の文集で自らの現実や身近な他者の現実を踏まえて、本音の問題提起がされている。
　登り山泰至の詩「当たり前という幸福が欲しい」で

は、「お偉いさんがた／明日から来なくていいよと言われた／人間の気持ちがわかるかい」と派遣労働の悲痛な思いを語り、それでも「私たち若者」は、「前向きに生きようとしている」と人間を護る憲法の精神に期待を込めている。

山村礼子★にゃきの詩「人が好き」では、十五歳で両親と死別し、十六歳で釜ヶ崎で自立し、たとえば「ぐるぐる順番にあたしを犯した男は大体笑ってた」などの凄まじい経験を経て、「あたしにも憲法第25条は有効なんやと」心の底から理解していき、「人が好き／もちろん、あなたのことも」と人間愛を発信していくのだ。

秋田高敏の詩「最低限度の権利」では、「ダンボールで夕べに住み家を作り／朝には壊し／食べ物は残飯を漁り／廃品を拾い集めては金銭化し／衣服は捨てられている物を探し求め／精一杯の努力をしている俺」にとって「最低限度の権利」とは何なのかと問うている。

秋野かよ子の詩「汗」、「机のネコ」、「起こしてくれ」などでは、真面目に働くことが苦行になっていく人びとの労働現場のストレスを察して、労働が全てではなく人間らしく生きることを一緒に考えようとしている。

石村柳三の詩「てんぷら」、「元旦の夢」、「ドームの河」では、「見事な似非てんぷら」や「倒産　リストラ　失業」や「傷姿の原爆ドーム」などの現実の厳しさを受け止めながらもユーモアや夢や平和を願う精神などを抱くことの大切さを伝えている。

中島省吾の詩「ランドセル」と「愛の花」では、仲良しの二人の少女がタンポポが咲き枯れていく姿に涙し、また「生きられない人はいます／彼らを殺すな／社会的弱者です」とその存在を受け止めることを促す。

二階堂晃子の詩「書付」、「見えない喪失」、「愚か者に」、「すさまじい無言」では、原発事故で避難した住宅に忍び込む泥棒被害、避難所で肩を寄せ合う家族たち、ゼネコンの孫請けの作業員の除染の虚しさ、子どもたちが「傷を負った事実の吐露」への感想を記す筆記など基本的人権の在りかを確認している。

根本昌幸の詩「ごせっ腹やけねえかい」、「天地異変」では、3．11以後に「おれは今　原発避難民として／古里を捨て／見知らぬ土地で過ごしている」のであり、生存権を否定された人間として腹の中の怒りの虫が暴れまわるのだ。

高畑耕治の詩「いま　ここで」、「十四歳。いのち、巣立ち。公園で」では、津波から生き残ったベッドに寝たきりの人が、波にのまれて死んでいった人びとを想起し心が締め付けられたり、避難先で福島というと「放射能うつるだろ、キモイから近寄んなよ」と差別される福島の人びとの悲しみを記している。

長澤靖浩の詩「約束の島」では、「この島は約束の島／無謀で残虐な戦争に敗け／焼け野原と化した島の上で／皆でともに交わした約束」と平和憲法に込めた平和の「約束」をもう一度「約束」しなければならないことを語っている。

いがらしかずおの詩「覚醒　あるいは　哀歌」では、難病の妻を介護し僅かな年金で暮らしていた夫婦を死に追いやってしまった社会の在り方に、もっと心のこもった制度に出来ないかと模索している。

大塚史朗の詩「野道で」、「千人針の腹巻き」では、米軍の戦闘機によって田んぼの上の「空は占領されたままなのか」といい、戦争中に父が虎の絵をかいた「先人針の腹巻き」のことなど、戦争が引き起こした生存権の破壊が始まっていることを指摘している。

洲史の詩「拒否するための理由を考えるより」、「横浜市のお金」、「助けて　と言おう」では、横浜市の給食が実現しない「愛情弁当論」への反論として、「中学生の願いを　市民の願いを／拒否するための理由づけを無理やり考えるより／どうしたら実現できるかを考える方が／楽しくてやりがいがあると思いませんか」と公務員の意識改革を提言している。

こまつかんの詩「俺のことか？　俺は大丈夫だよ」では、独身の年金生活者たちが家族や知人たちや、病院の看護師や行政のケースワーカー・看護師などの緩やかな関係の中で生きている様子を描いている。

田島廣子の詩「人生わかんない」では、男が倒れ入院した後に、その男の部屋に入りあまりの汚さに驚き、「無事に男が帰れますように掃除をして／菜の花を生けた」と男の再生を願うのだ。

志田昌教の詩「悔恨……母に捧げる詩」では、母の精神分裂症によって「人間とはいったいどういう存在か」と問い続けている。母を病院に閉じ込めていることに対して、深層の痛みを明らかにして、自己を断罪する姿勢は心を抉られてくる。

くにさだきみの詩「花に似る　イキモノ」、「鉤」、「ギターの鼾」「辞書にはない『自死』という言葉」では、「生存権裁判」を傍聴し、脳梗塞で働けない人の保護費が削られる生々しい証言や、息子の自殺が職場の「降格通知」に起因していることを明らかにして、人を生かす職場環境を考えさせてくれる。

　永山絹枝の詩「命の鼓動に耳傾けて」では、友人や知人に多くの心の病を抱えた人びとがいて、その人たちが少しでもよくなり前向きに生きようとすることを願い、「生きるのだ　生きるのだ　立ち上がれ　立ち上がれ」と応援をし続けている。

　高嶋英夫の詩「荒れ地を越えて――希望の明日へ」では、戦後の経済活動で多くの自然を破壊し、3・11以降の原発事故による環境破壊にも、まだ再稼働を計画している者たちに、基本的人権の意味を問うている。

　山岡和範の詩「日本国憲法を生きる」では、「朝鮮戦争が始まってまた戦争かと思ったが／新しい平和憲法は国民の人権を守るために／国民が国家権力を縛る法であることを学んだ／平和憲法九条を手放すな！」と原爆投下を目の当たりにして戦後は平和の精神を生きてきた著者だから語れる言葉だ。

　井上優の「幾つかの抱擁」、「明日が始まるとき」では、「クリスチャンでホームレスのちぎらさん」との家族ぐるみの交流をしながら、いつしか「ちぎらさんは　最近／部屋が欲しいと　言い出してくれた」という。「明日のために／出来ることを探そう」としている。

　佐相憲一の詩「ネットカフェ」、「球場にて」、「輪っか」、「波止場」では、「自己責任」と説教をするような論調に懐疑を持ち、生まれつきハンディのある「この国の児童養護施設で暮らす児童の数」である三万人の子どもの一人ひとりに、この社会がエールが送れるかを問うている。

　「文集」十一名の論考は、仲道宗弘「反貧困ネットワークぐんま～その結成までの軌跡～」、村越芳美「『健康で文化的な最低限度の生活』って?」、古平弘樹「生存権を脅かす貧困・格差の問題と生存権を実現するための取組みについて」、前塚博之「ぼくの体験から」、北嶋節子「不透明な街角」、浅見洋子「もぎ取られた青春《いのちたち》」、玉城郁恵「一デナリオンの約束」、青柳宇井郎「生と死の狭間を生かされる弱虫たちの地獄」、田島至「無料低額診療事業について」、木島章「命と暮らしを守る　九・二・五」、穂刈清一「米軍の迷彩服がベトナムの戦場へ」などで、憲法二十五条を実践的に生かす経験と思索が込められている。

　憲法の精神を身近な場所で実践したいと願う多くの人たちに読んで欲しいと願っている。

あとがき

井上優

私が生存権の本を構想し、佐相憲一さんに相談したのには、いくつかの理由があります。

主に私の個人的信仰・クリスチャニティーに起因するところが大なのですが、ほぼ日本特有のホームレス差別ひいては、生活保護者差別に憤りを抱いていたことも大きな要因です。

海外では未だ旧聞に属さないどころか、ファンタジーの古典に入るのではないかという勢いのハリーポッターがあります。J・K・ローリングの処女作であり世界的大ベストセラーになった本作は、彼女がシングルマザーとなり生活保護を受けながら書いた労作です。一日にたった一杯の珈琲で喫茶店に粘り、かの大作を書き上げたことは多くの人の知る逸話です。日本では、同じようなことが起こり得るでしょうか？

日本に於ける生活保護者は、何重もの縛りと差別にあえぎ、疲弊しています。家があっても無くても車があっても本来生活保護は受けられるのに、福祉削減の方向で役所の職員が動いているので違憲状態の行政措置が往々にして採られてしまい本来受給を受けるべき人々が路頭に迷い餓死する悲劇を繰り返しています。また水際作戦を掻い潜れたとしても、生活保護者本人に対する差別の〝働け圧力〟、また子供達に対する差別によるイジメで生活保護者は精神的疲弊の極致に置かれています。こうした差別は、主に国民は日本国憲法に平等に守られているという恩恵に対する無知に起因していると断定して差し支えない程の国内の惨状です。

この国でJ・K・ローリングの再来はあるでしょうか？　それは文学に限ったことに限定されません。本来の『健康で文化的な最低限度の生活の享受』が出来れば、それは意外に、いとも簡単に成し遂げられることのように思われてならないのです。

その過去にも、あまりに有名なモンマルトルの丘がありました。消しゴムのパンを食べる極貧生活を送りながら、若い画家たちが青春の鼓動で切磋琢磨し、世界的に有名な画家となった伝説のパリの丘です。フィンセント・ファン・ゴッホ、ピエール・ブリソー、アルフレッド・ジャリ、ジャック・ヴィヨン、レイモン・デュシャン＝ヴィヨン、アンリ・マティス、アンドレ・ドラン、シュザンヌ・ヴァラドン、ピエール＝オーギュスト・ルノワール、エドガー・ドガ、モーリス・ユトリロ、アンリ・ド・トゥールーズ＝ロートレック、テオフィル・アレクサンドル・スタンランらがいます。彼らはモンマルトルを制作の場にしたほか、モンマルトルの風景を描いた作品も制作しました。こうした文化の高みは、決して金銭の過多によるものではありません。文化を育む地力、文化のガイアの芳醇な息吹によってなされるのです。

私たちは今、日本の迷妄を脱却する使命を帯びています。

マザーテレサは長くインドで貧困救済活動、貧困家庭・両親の亡くなった子供の養子縁組などを精力的に組織してきましたが、ローマ教皇に謁見したとき告げられたのは『都市の貧困を救って下さい』という内容でした。都市の貧困には二種類あると思われます。一つは物質的貧困。これは、あまりにも激しい格差に起因し、ホームレス問題・ワーキングプアー問題などを引き起こし、豊かなはずの都市で物質的飢餓をもたらします。もう一つは、精神的貧困です。これは現象として現れる問題が種々多様で一概に言えないように思えます。しかしてその貧困の原因を探っていくと単純な欠乏に帰着するように思えます。他人の境遇に対する理解・思いやりの欠乏した貧困。相手への礼節の貧困。相手への想像力が欠如した貧困。優しさの欠乏による貧困。愛の欠乏した貧困。エゴイズムという貧困。これらは単純明快な貧困たちですが、複合し有機的連鎖を引き起こすからやっかいです。

私たち文化人・言論人にとっても、今、転機が訪れています。今は、新・啓蒙時代なのです。このことを強く意識し、物質的貧困・精神的貧困に立ち向かわなければなりません。この都市の貧困の最大にして最もすなどりやすいターゲットは〝迷妄〟なのですから。

あとがき

佐相 憲一

詩文集『生存権はどうなった』、いかがでしたか。いまの世の中の厳しい状況の中で、この本がひろく人びとの生きる励みになればと願ってやみません。

この本をつくるのに八か月かかりました。

私はこれまでさまざまなテーマのアンソロジー詩集やエッセイ集に関わってきましたが、人選にこれほど苦労したことはありません。というのも「生存権」という、一見硬くて芸術的な創造がしにくく思われるテーマだからでした。いまの実社会で危機に瀕しているることを対象とする詩作でも、たとえば平和関係の詩は多くの書き手が作品をのこしています。政治風刺なども得意とする詩人たちが浮かんできます。生や人生にいたっては、無数に名詩が書かれてきたでしょう。ところが、あらたまった形で詩の場にクローズアップされることのあまりない「生存権」という言葉を聞いた時、詩人たちもとまどい、これから書かねばと硬くなる向きもあったのです。そうした場合は、残念ながら、参加見送りという結果になりました。

また、少なくない詩人たちから、「それはいい企画だ。ぜひ世に出されてアピールしてほしい」「趣旨に大賛成です」という励ましと賛同の声をいただきましたが、ご自身が作品参加をすることはできない、適当な作品がない、という正直な声でした。「生存権」ってそんなに難しく考えないでほしい、具体的な日々の暮らしや観察の詩こそふさわしいのに、などと私は考えるのですが、やはり詩人やライターという人種はとても繊細な誠実さをお持ちの方が多く、「門外漢の自分よりもっとふさわしい書き手がいますよ」と説得されたり、逆にあの人はどうだなどと推薦の声をもらったりもしたのでした。

でも、そうしたやりとり自体に、私は文筆家たちのこの問題への真剣さを感じました。そして、そのことが、しんどかったこの八か月の間、常に励ましてくれたのです。

ようやく出来上がりました。詩集の章も文集の章も、切実な中身がそろい、それだけでなく、この一見硬いテーマにもかかわらず、表現の多様性も実現させることができました。

三十三名の執筆者の皆さん、気持ちのこもった力作を寄せてくださり、ありがとうございました。

編者を共にした穂苅清一さんは、ご専門を活かした人選で、群馬で活躍される専門家諸氏をこの本の執筆陣に迎えてくださいました。この本は日本全国へ向けて発信する内容ですが、特に群馬県内での実践状況が色濃く反映されています。穂苅さんとその仲間の方々のおかげです。ここにあらためて深く感謝御礼申し上げます。

やはり編者を共にした井上優さんとは、昨年、アンソロジー詩集『SNSの詩の風41』を共に編み、世に刊行しました。ミクシイやブログなど、インターネットで書く層の詩世界を四十一名分収録した本は、おかげさまでとても新鮮に受けとめられて好評でした。その井上さんと、今度は「生存権」に関する詩文集を共にすることができて、うれしく思います。同世代の彼とこうした問題意識を共有していることに励まされます。今回もありがとうございました。

ここに登場している三十三名の執筆者の思想信条はさまざまです。その中で、編集の全体責任者である私が断言できる確かなことは、この本に表現され、報告されているすべてにおいて、ひとりひとりの命と心を大切にするという共通点があることです。そして、それこそが、この本を通じていまの世に伝えたいことなのです。

最後になりましたが、時代の嵐の中で、日々けんめいに生きている無数の人びとの心に、この本を捧げます。

石炭袋

詩文集『生存権はどうなった』

2015 年 8 月 30 日　初版発行
編　集　穂苅清一・井上優・佐相憲一
発行者　鈴木比佐雄
発行所　株式会社 コールサック社
〒 173-0004　東京都板橋区板橋 2-63-4-209
電話 03-5944-3258　FAX 03-5944-3238
suzuki@coal-sack.com　http://www.coal-sack.com
郵便振替　00180-4-741802
印刷管理　（株）コールサック社　製作部

＊装幀　杉山静香

落丁本・乱丁本はお取り替えいたします。
ISBN978-4-86435-215-4　C1092　￥1500E